MAJOR VON HOCHWÆCHTER

ATTACHÉ A L'ÉTAT-MAJOR DE MAHMOUD-MOUKTAR-PACHA

Au Feu avec les Turcs

JOURNAL D'OPÉRATIONS

KIRKILISSÉ

LULE-BOURGAS

TCHATALDJA

Au Feu
avec les Turcs

G. VON HOCHWÆCHTER

MAJOR DANS L'ARMÉE OTTOMANE

ATTACHÉ A L'ÉTAT-MAJOR DE MAHMOUD-MOUKTAR-PACHA

Au Feu avec les Turcs

JOURNAL D'OPÉRATIONS

(Campagne de Thrace : 12 octobre—14 novembre 1912)

TRADUIT DE L'ALLEMAND

Par le Commandant MINART

Avec quatre cartes hors texte

BERGER-LEVRAULT, ÉDITEURS

PARIS | **NANCY**
Rue des Beaux-Arts, 5-7 | Rue des Glacis, 18

1913

AVANT-PROPOS

Un heureux concours de circonstances m'a permis, dès le début de la guerre balkanique, de suivre les opérations dans l'état-major du 3ᵉ corps d'armée, commandé par Mahmud Muhktar Pacha, un des meilleurs généraux ottomans.

Grâce à cette situation privilégiée, il m'a été donné d'être le témoin oculaire de presque toutes les opérations auxquelles ce corps a pris part jusqu'à l'armistice.

Je me suis astreint à rédiger chaque soir mes impressions de la journée. Si je me décide à publier aujourd'hui mes notes parfois fugitives, c'est que je pense apporter ainsi ma contribution à l'histoire plus complète qui sera écrite plus tard.

Je désire également faire ressortir les causes qui ont motivé la rapide désorganisation de l'armée turque, et montrer qu'elles ne sont imputables ni à la valeur du soldat turc, ni au système allemand qui a présidé à son instruction militaire.

La situation politique actuelle m'oblige à certaines réticences qui ne me permettront pas d'apporter partout une lumière complète.

L'accueil si amical que j'ai reçu au 3e corps d'armée me fait un devoir d'exprimer ici toute ma reconnaissance à son valeureux chef et aux officiers qui composent son état-major.

Constantinople-Wiesbaden, décembre 1912.

L'AUTEUR.

AU FEU AVEC LES TURCS

Au mois de septembre 1912, j'avais quitté ma garnison, Damas, pour jouir d'un congé en Allemagne. Dès ce moment, la situation politique se montrait menaçante, et de toutes parts on envisageait la possibilité de voir la guerre éclater entre la Turquie et les États balkaniques. Il semblait, cependant, que la diplomatie essayât de retarder l'éclosion de la lutte, et que les grandes puissances fissent tous leurs efforts pour faire comprendre à la Porte qu'elle n'avait rien à attendre de l'Europe, qui ne permettrait pas que le *statu quo* des pays balkaniques fût modifié.

Malheureusement, la Turquie avait ajouté trop de créance à ces déclarations, elle ne crut pas à la gravité de la situation, tout en prenant cependant quelques précautions en vue d'une ouverture éventuelle des hostilités.

Avant tout, il importait d'avoir les mains libres du côté de Tripoli; le danger nouveau auquel elle allait être exposée décida la Porte à signer la paix avec l'Italie, afin de reprendre ainsi la liberté de la mer et de pouvoir faire appel à ses réserves asiatiques.

J'étais personnellement convaincu de l'imminence de la lutte et je savais qu'en haut lieu on brûlait de montrer la valeur de l'armée réorganisée. Le Gouvernement ottoman aurait été heureux de pouvoir se mesurer avec l'Italie.

Bien que la refonte des institutions militaires ne fût pas encore complète, les officiers turcs étaient persuadés de leur supériorité sur leurs adversaires. En Allemagne, beaucoup d'esprits compétents estimaient que les chances seraient pour la Turquie, si elle pouvait se décider à terminer tranquillement sa mobilisation, et à rester sur la défensive jusqu'à la fin des opérations préliminaires. Mais il fallait toutefois que le Gouvernement ottoman eût tenu compte des observations formulées par le maréchal von der Goltz à la suite des manœuvres de 1910.

J'avais interrompu mon congé, obtenu à mon passage à Berlin du maréchal von der Goltz une lettre de recommandation pour Abdullah Pacha, le généralissime éventuel, et par Constanza regagné Constantinople, d'où j'espérais bien pouvoir faire la campagne dans les rangs de l'armée ottomane.

Samedi 12 octobre. — Un grand enthousiasme militaire règne à Constantinople. Les rues sont pleines d'une foule bariolée. On voit sans cesse passer de longues bandes d'hommes, se tenant deux par deux par la main et chantant, qui se rendent à la caserne de Taxim pour y être habillés et équipés. A Stambul, devant le ministère de la Guerre, on a établi un camp, d'où les troupes gagnent la gare qui les transportera sur le front.

L'état-major général travaille avec ardeur. L'état de siège a été proclamé, et personne ne doit circuler dans les rues après 11 heures du soir.

Les tramways et les voitures sont rares, les chevaux ayant été réquisitionnés pour les besoins de l'armée.

Partout, on ne parle que de guerre, les étrangers mêmes se sont enrôlés pour la bonne cause, les femmes rivalisent avec les médecins pour organiser le service de santé. Les instructeurs allemands se sont mis à la disposition du ministre de la Guerre, mais leurs services n'ont pas encore été acceptés. On veut au préalable qu'ils renoncent à leur situation dans l'armée allemande. Seuls, jusqu'à présent, le lieutenant-colonel von Lossow, le colonel Veit, qui se sont mis en règle, et moi, sommes autorisés à prendre part à la lutte.

La mobilisation est en cours, mais elle est loin d'être achevée encore; on parle de huit à dix jours avant de pouvoir passer à l'offensive. Les Bulgares, du reste, ne sont guère plus avancés.

Les voies ferrées donnent leur rendement maximum. Le chemin de fer d'Anatolie peut transporter journellement de 16.000 à 17.000 hommes, celui de Constantinople à Andrinople, 12.000 seulement. On a requis de nombreux navires grecs pour transporter les troupes d'Asie Mineure.

Le Sultan a passé aujourd'hui une revue des troupes réunies à San-Stephano et qui doivent partir demain pour le front.

L'armée est constituée comme suit :

Le grand quartier général est encore à Constantinople. Le généralissime est le ministre de la Guerre Nazim Pacha, ayant comme chefs d'état-major général Hady Pacha et le colonel Pertef Bey.

1re armée dite de Thrace. Formée par la 1re inspection d'armée avec les 1er, 2e, 3e et 4e corps. Général commandant, Abdullah Pacha. Son axe d'opérations est constitué par la ligne Dimotika—Kirkilissé.

2e armée, dite de Macédoine. Général commandant, Ali Riza Pacha (à Salonique). Cette armée forme trois groupes indépendants :

1er groupe : trois corps, renforcés de divisions de rédifs, sur la ligne Istib—Uskub, face à la frontière serbo-bulgare. Commandant Sekki Pacha;

2e groupe : une division active et deux de rédifs sous Mahmud Pacha à Scutari, destiné à opérer contre le Monténégro;

3e groupe : deux corps d'armée, c'est-à-dire deux divisions actives renforcées chacune par une division de rédifs, feront face à la Grèce, un corps en Épire, dans la région de Janina, le 2e en Thessalie dans la région de Kotchana.

Abdullah Pacha est un homme de valeur, parlant

couramment le français. On lui reconnaît des facultés d'initiative et de volonté, ainsi que des connaissances militaires étendues. Son chef d'état-major est le colonel Jevad Bey, qui est également un travailleur infatigable.

Mardi 15 octobre. — Mes affaires sont enfin réglées, j'ai obtenu du ministre l'ordre de rallier le grand quartier général de l'armée de l'Est et de me mettre aux ordres du général Abdullah Pacha.

Je me rends immédiatement dans les bureaux du ministère, établis dans un petit bâtiment sur la grande place devant le ministère.

Je me présente, l'état-major est en train de préparer son départ. Abdullah Pacha veut partir le soir même et transporter son quartier général à Lule-Burgas, où j'aurai à rejoindre sous deux jours. Lossow est affecté au même état-major et nous projetons de faire route ensemble.

Jeudi 17 octobre. — Notre train devait partir à 6ʰ 58, mais la gare est encombrée. Les trains à destination de Salonique se succèdent rapidement, mais aucun ne se dirige vers le nord. Nous serons embarqués avec une compagnie de pionniers, mais il nous faut payer nous-mêmes nos billets. Dans ma hâte de partir, je n'ai pu me procurer ni chevaux ni ordonnance. Mes bagages sont en ordre.

A 9 heures du soir, nous ne savons pas encore

quand notre train pourra partir. Nous mangeons à la gare, afin d'épargner nos provisions de route.

Le colonel Posselt et le comte Plessen, de l'ambassade, nous tiennent compagnie. A 9ʰ 3o, le cheval de Lossow est enfin embarqué. Les trains ne cessent de partir sous les cris enthousiastes des hommes qui attendent leur tour de départ. L'heure s'avance, à 1 heure, on ferme les salles d'attente, nous prenons place sur un banc extérieur et assistons aux départs. Mon panier de provisions a disparu, mais j'espère encore le retrouver dans un fourgon. Inschalah ! Nous voyons passer des rédifs, leur regard atone ne quitte pas le sol, ils se traînent fatigués et éreintés, épuisés déjà par les longues étapes qui les ont arrachés à leurs chauds climats. On peut assimiler ces troupes à notre landwehr, sans toutefois qu'elles aient reçu dans leur jeunesse la solide instruction de nos troupes de complément.

Un signal de clairon. Tous se précipitent dans les wagons, sans aucun ordre, les officiers ne peuvent se faire obéir.

A 1ʰ 15 arrive la compagnie de pionniers, qui, instruite par un officier allemand, le major Gottschalk, fait une excellente impression ; elle s'embarque à la gare aux marchandises.

Nous la suivons et trouvons un compartiment de 1ʳᵉ classe vide dans lequel nous nous installons confortablement. Mes bagages sont avec moi, mais la caisse à vivres manque. Il fait froid, j'enlève mon uniforme pour revêtir ma pelisse. — 2 heures. Le train se met en marche. Le sommeil nous gagne enfin.

Vendredi 18 octobre, 7ʰ 3o du matin. — Le soleil brille. Nous avons marché très lentement, et n'avons pas encore couvert la moitié du trajet. Pour passer le temps, nous étudions la carte et le terrain.

Celui-ci est de couleur uniforme, mamelonné et coupé de ravins profonds. Les champs sont abandonnés, seuls quelques bergers sont restés près de leurs troupeaux. Beaucoup de champs de tabac, puis partout des buissons épais.

Nous passons Sinekly; on nous annonce que nous serons à Tscherkeskoj à 11 heures. L'estomac commence à crier famine; mais il n'y a rien à manger à Tscherkeskoj.

Au sortir de cette station s'ouvre la plaine. Nous ne marchons plus qu'avec une seule machine. Le personnel du train est exténué de fatigue, le chauffeur s'est endormi sur sa machine, heureusement il n'y a pas eu d'accident. Tous les employés parlent français ou allemand.

En cours de route je me suis fait renseigner sur l'armement des troupes. L'infanterie emploie deux fusils, le Mauser et le Martini transformé. Tous deux tirent la balle pointue. Le ravitaillement en munitions se trouvera de ce fait simplifié. Toute la cavalerie utilise notre carabine, un seul régiment possède la lance.

Nous approchons de l'armée de campagne. A Tschorlu, un grand camp. A 2 heures, nous arrivons à Muradli. Les troupes qui s'y trouvent appartiennent au 2ᵉ corps (Dardanelles) et sont également embarquées pour le front. L'activité militaire règne partout. Le long de la voie on a installé des rédifs dans des abris provisoires.

Les troupes qui voyagent avec nous font bonne impression, les hommes chantent et fument, on reconnaît l'influence de l'éducation allemande.

A 3 heures nous arrivons enfin à Lule-Burgas. Il y a heureusement deux voitures à la gare, dont le quartier général est éloigné d'une demi-heure de marche.

Le 3ᵉ régiment d'infanterie et les pionniers s'arrêtent ici également.

Le cheval de bataille de Lossow, que tout le monde connaît, est enfin débarqué ; le précieux domestique du colonel, Abraham Effendi, un Albanais, monte avec moi dans la minuscule voiture aux dimensions d'une boîte à cigares, et en route pour le quartier général.

Celui-ci est installé dans l'unique bâtiment neuf d'une école, et est entouré de nombreux parcs de convois attelés de buffles.

L'école contient quatre pièces, qui servent également de dortoirs aux officiers. L'aimable adjoint d'état-major Hassan, qui parle fort bien l'allemand, nous installe dans une chambre très convenable de l'hôtel Palace de Lule-Burgas. Je rencontre nombre d'anciens camarades, entre autres Salahadin Bey, jadis officier d'état-major de Sami Pacha, et qui a pris part à la campagne du Hauran.

Tous ces messieurs sont d'une amabilité extrême, mais n'en sont pas moins boutonnés jusqu'au col. Il semble y avoir un mot d'ordre vis-à-vis des instructeurs allemands. Enfin, après une heure d'attente, paraît Abdullah Pacha qui me fait bon accueil et m'ordonne d'être prêt le lendemain matin à rejoindre la division de cavalerie. Comment il me sera possible d'exécuter cet ordre, sans chevaux, me paraît un problème.

A 6 heures on nous mène dîner dans l'ancienne caserne, qui est un modèle de l'architecture militaire ottomane de jadis, type original avec une jolie mosquée. Chez nous, un bâtiment en pareil état aurait été depuis longtemps condamné et démoli.

Le repas est servi sur de longues tables provisoires, dans des assiettes d'aluminium; une sorte de goulache, puis des haricots à l'huile. A la guerre comme à la guerre. Tout cela est bon quand on a faim!

La musique se présente sous forme d'un orchestre de huit musiciens jouant, d'une façon terriblement bruyante, des airs dans lesquels, avec un peu de bonne volonté, on peut reconnaître des fragments de *Carmen*.

Le repas terminé, Lossow et moi regagnons le Palace, où Abraham a installé nos lits de camp. Les pieds de nos couchettes trempent dans des récipients pleins d'eau, afin de nous préserver de la visite de compagnons éventuels... Après deux tasses de thé arrosées de beaucoup de rhum, nous dormons du sommeil du juste. Je suis enchanté de ma pelisse dans laquelle je me suis roulé.

Samedi 19 octobre. — Le soleil brille, mais il fait froid. Toilette générale dans la petite cuvette de caoutchouc, puis copieux déjeuner. Des œufs, du pain de munition frais, puis quelques centimètres de mon saucisson. Combien de temps durera-t-il encore ?

A 10 heures, je reçois les autorisations nécessaires pour me rendre à Andrinople, d'où le gouverneur me dirigera sur ma division de cavalerie. J'apprends au quartier général que la situation est la suivante :

La division de cavalerie, commandée par Salih Pacha, comprend 4 brigades (8 régiments), 3 groupes à cheval, 6 compagnies de mitrailleuses. Elle se trouve à Baysal, tout près de la frontière bulgare.

Elle aurait jusqu'à présent convenablement effectué son service d'exploration. Les renseignements fournis par la brigade Ibrahim Pacha, qui opère dans la région d'Andrinople, auraient surtout été intéressants.

L'armée de l'Est est en train de se rassembler en arrière de la ligne Dimotika—Kirkilissé, ayant devant elle Andrinople. Mais les divers corps devront appuyer encore vers le nord-est, de manière à porter l'aile gauche de l'armée un peu en retrait au sud de Kule, et vers la route de Baba-Eski à Andrinople. L'ensemble des forces comprendra quatre corps :

Le 3ᵉ corps, à Kirkilissé, sous Mahmud Muhktar Pacha ;

Le 1ᵉʳ corps, entre Kavakli et Jenidze (Jawer Pacha) ;

Le 2ᵉ corps, à Karali (Schefket Torgut Pacha) ;

Le 4ᵉ corps, à Kule, poussant ses avant-gardes sur Hausa (Abuk Pacha).

On doit en outre constituer les 15ᵉ, 16ᵉ, 17ᵉ et 18ᵉ corps de rédifs dont l'emploi n'est pas arrêté encore.

Il y a à Andrinople, avec la 10ᵉ division, deux divisions de rédifs sous le commandement d'Ismaïl Pacha.

Chaque corps d'armée dispose de trois convois administratifs, formés de voitures de réquisition attelées de buffles. L'un d'eux est ici, ce sont des attelages superbes et pleins de vigueur. Il n'y a pas de boulangeries de campagne.

Le lieutenant-colonel von Lossow a proposé de réunir en compagnies les boulangers de profession des corps de troupe et d'organiser des boulangeries dans les villages. Je doute que cette mesure soit adoptée ; du reste, tout ce qui touche aux ravitaillements me paraît fonctionner bien mal.

La situation tactique n'est pas éclaircie encore ; il me semble que l'État-major ne tienne guère à suivre le plan consistant à attendre, toutes forces réunies, en arrière d'Andrinople, que la mobilisation soit terminée. On paraît plutôt décidé à l'offensive, ce qui, à mon avis, ne serait pas sans danger, étant données les difficultés de ravitaillement et la trop grande proportion de rédifs entrant dans la composition des unités.

La division de cavalerie a reçu l'ordre de chercher

à prendre en flanc l'aile ennemie près de Baysal, et de reconnaître ses lignes de marche. Elle a eu ce matin un petit engagement et a refoulé quelques détachements bulgares au delà de la frontière. Le 4ᵉ régiment de tirailleurs part aujourd'hui pour renforcer la division, qui sera en outre couverte par de l'artillerie avec de la cavalerie qui viennent de Petra.

La gauche ennemie paraît être aux environs de Glm. Derwent. Des forces importantes sont signalées dans la vallée de la Toundja, à Kizilagatsch, au sud de Jamboli ; d'autres dans la vallée de la Maritza, à l'ouest de Mustapha-Pacha. On signale des colonnes en marche à Kazi-Kilissé et plus à l'ouest, franchissant le col d'Uktepe.

3 heures. — Me voilà de nouveau dans ma petite voiture, en route pour la station. Je croise en chemin les troupes vues les jours précédents dans les camps, parmi elles les pionniers et les détachements de mitrailleuses. Mauvaise discipline de marche, surtout parmi les trains régimentaires qui encombrent la route.

J'attends à la gare le passage d'un train, en griffonnant ces notes. Il me paraît impossible que je puisse, tout seul, rejoindre la division de cavalerie. Mais j'entends surmonter la difficulté et faire tous mes efforts.

Voilà un train de marchandises, je charge mes bagages dans un fourgon et m'assieds sur ma cantine ; avant tout, gagnons du champ !

Dimanche 20 octobre. — Ma fatigue, est telle que j'ai dormi tout de même. Le train était entré en gare de Lule-Burgas à minuit; il est maintenant 6 heures du matin, et nous roulons toujours.

En cours de route, nous avions reçu un terrible choc d'une machine en manœuvres, notre locomotive avait dû être changée, mais heureusement l'accident n'avait pas eu d'autres suites.

Il était 8 heures quand nous arrivions à hauteur des forts d'Andrinople. On ne voit partout que des sentinelles, de toutes parts on élève de nouveaux retranchements, on installe des réseaux de fils de fer. Les grandes casernes près de la gare sont bondées de troupes, à côté d'elles s'étendent d'immenses camps de tentes.

Sur beaucoup d'emplacements on coule encore du béton.

Je me dirige vers un hôtel dans le voisinage de la gare; tout d'abord, on ne veut pas me recevoir parce qu'un officier vient d'y tuer un garçon. Mais je finis par obtenir gain de cause. Je fais venir une voiture pour aller me présenter au gouverneur, car la ville est à une demi-heure de là.

Le gouverneur, Schukri Pacha, homme déjà âgé, m'affirme que je ne saurais, sans danger, circuler seul dans la campagne. Il n'y a, du reste, pas moyen de se procurer de chevaux. Une auto militaire vient justement de partir pour Hausa.

Il me faut me mettre en quête d'une voiture et la faire réquisitionner, comme j'en ai reçu l'autorisation.

De retour à l'hôtel, et muni de mes bagages, je repars pour Hausa à la recherche du 4ᵉ corps. Le général ne paraît pas bien orienté sur la situation, il ne peut me dire où se trouve la division de cavalerie que je cherche, il n'est pas mieux renseigné sur l'ennemi.

Mustapha-Pacha doit déjà avoir été évacué par les Turcs et être tombé aux mains de l'ennemi.

La route qui mène à Hausa est terriblement mauvaise, à chaque instant ma voiture s'embourbe et ne peut être remise en marche que grâce à l'aide de soldats. Un équipage de pont est resté en panne au pied d'une rampe malgré que les voitures soient attelées de dix à douze buffles. Les roues disparaissent dans la glaise jusqu'au moyeu ; enfin, grâce à de vigoureux efforts, la colonne peut lentement reprendre sa route.

J'ai pu, en passant, examiner les défenses fixes de la place, elles paraissent bien conçues et en bon état, plusieurs batteries de grosses pièces sont bien dissimulées.

Il est presque 4 heures quand j'arrive à Hausa, où je me présente à Ahmed Abuck Pacha. Le quartier général allait se mettre en route. On dit que les Bulgares avancent, c'est pourquoi on veut entamer la retraite. De fait, ici non plus personne ne sait rien de certain. Le général est parti en reconnaissance. On me donne un cheval et, accompagné d'un officier d'état-major, je me mets à sa recherche. La pluie tombe en trombes.

Quelle chevauchée! Enfin, au bout d'une demi-heure, nous rencontrons le général. Il me paraît énergique. Nous revenons ensemble à Hausa. Mais on ne peut encore me dire quelle sera ma destination définitive.

Toutes portes fermées, un long conseil de guerre s'engage, dont le résultat est que, provisoirement, le quartier général restera à Hausa.

Je trouve une chambre vide, dans laquelle un vieux commandant est assis sur un matelas. Sans m'occuper de lui, j'installe mon lit de camp. La pluie ne discontinue pas.

Ma voiture est restée au village, et comme je dois, dans la soirée, gagner Baba-Eski, je refais mes paquets et tombe d'accord avec mon cocher pour la somme de 3 livres turques.

Mais il fait tellement noir que le cavalier qui m'accompagne perd sa route et que le cocher refuse d'aller plus loin dans la nuit. Je me résigne à attendre le jour, et m'endors. La nuit est terriblement agitée, le passage des troupes est incessant, elles ne peuvent aller plus loin, les routes sont encombrées d'artillerie et de convois. Les hommes n'ont rien à manger, ils restent de longues heures immobiles sous la pluie et dans le froid, personne ne s'occupe d'eux, et malgré tout, je n'entends pas un murmure.

Lundi 21 octobre. — Je me lève à 4ʰ 3o, la pluie tombe toujours en cataractes. Que va-t-il advenir? Impossible, dans ce désordre, de mettre la main sur ma voiture. Enfin, il est 7 heures quand elle arrive. J'ai l'ordre de me présenter au commandant de Baba-Eski, qui me fera donner des chevaux. Le quartier général monte à cheval en même temps que moi et se dirige, lui aussi, sur Baba-Eski.

En cours de route, j'avais pu déterminer comme suit la situation de l'armée : La division de cavalerie continuait à bien renseigner sur l'ennemi. De faibles forces bulgares étaient signalées en marche par Malazla—Devletli—Agatch. D'autres se dirigeaient vers le sud, venant de Karapona et marchant sur Tscheskoj, une troisième colonne enfin, passant par Baysal, tendait également vers le sud. Les divisions bulgares sont formées à trois brigades, chaque brigade comptant huit bataillons.

De notre côté, les corps d'armée occupent aujourd'hui les emplacements suivants :

3ᵉ corps, Mahmud Muhktar Pacha, à Kirkilissé; comprend les 7ᵉ, 8ᵉ, 9ᵉ divisions, renforcées par quelques bataillons de rédifs. La 7ᵉ division, Hilmi Bey, est principalement formée de forces actives, avec quelques bataillons seulement de rédifs. La 9ᵉ division, Hassan Izzed Pacha, et la 8ᵉ, colonel Schukri Bey, sont presque entièrement formées de rédifs. Cette disposition n'est pas heureuse, surtout en ce qui concerne l'aile droite, qui est la plus exposée.

Les autres corps sont constitués comme je l'ai déjà

dit, on a resserré le front, et les troupes sont plus concentrées.

Mon voyage n'est pas facile, les ponts qui franchissent les nombreux cours d'eau coulant du nord au sud dans des ravins escarpés sont ou bien submergés par les crues, ou incomplètement terminés. Il est impardonnable que, sur une route de cette importance, la plupart des ponts n'aient pas encore de tablier.

Des soldats me donnent un coup de main. Enfin, j'enfourche un cheval de mon escorte. Je prends congé de l'état-major du 4e corps à Kule où il compte s'arrêter. Il est 1ʰ 15 quand j'arrive à Baba-Eski.

Les trains ne circulent plus vers Kirkilissé, la voie étant minée par les infiltrations dues à la pluie. Je rencontre le général Hakki Pacha. Il parle bien le français, s'intéresse à moi et me dit que la division de cavalerie est sans doute à Kavakli, au sud de Kirkilissé. Cela me paraît peu probable, car elle serait ainsi en plein milieu du 1er corps! Le général se rend lui-même sur ce point pour prendre le commandement de troupes qu'il n'a pas encore vues. Nous voyageons de conserve sur deux charrettes. La route est bonne.

Nous dépassons les parc et convois de la 5e division. De ce que je vois, je n'augure rien de bon des rédifs : aucune discipline, équipement insuffisant, aucune instruction, et officiers mauvais. Les troupes en marche semblent une migration de peuples. Seule l'artillerie fait bonne impression.

L'auto d'Abdullah Pacha nous dépasse à son tour.

Nous profitons du sillage qu'elle creuse dans la foule, et, à 8 heures du soir enfin, j'arrive à Kirkilissé. Hakli Pacha m'a quitté à Kavakli.

Je cherche partout Abdullah Pacha. Il est à table avec Mahmud Muhktar Pacha. Je lui expose ma situation et rends compte qu'il m'a été impossible de rejoindre la division de cavalerie.

Quoique trempé jusqu'aux os, je suis invité à dîner par Muhktar.

La division de cavalerie a été envoyée sur la gauche de l'armée, dans la direction d'Andrinople, c'est-à-dire justement dans celle d'où je viens. On attend à brève échéance le choc décisif. Je resterai donc à l'état-major de Muhktar Pacha qui veut bien me recevoir de la manière la plus obligeante.

Le général est bien connu en Allemagne. Son calme, ses manières décidées, toute sa personne témoignent de ses hautes qualités. C'est avec joie que je me vois enfin fixé sur ma situation, après avoir si longtemps erré, et je suis heureux de servir sous un tel chef. Je serai bien placé pour voir des choses intéressantes. Je m'installe provisoirement pour la nuit dans un bureau.

Abdullah Pacha reste à Kirkilissé.

Muhktar Pacha a l'ordre d'avancer sa droite, afin d'envelopper les Bulgares dont les intentions n'ont jusqu'à présent pas été clairement élucidées encore. Il devra tenir ferme, car c'est incontestablement sur notre droite que se trouverait le danger en cas d'in-

succès. Notre ligne de retraite se trouverait singulièrement menacée.

L'esprit qui règne au quartier général du 3e corps
me paraît bon. L'état-major comprend Zia Bey, chef
d'état-major, Abdul Reouf et Rihad, chefs de section,
Nahousi, officier d'état-major, Refik Bey, officier
chargé des renseignements, Tahir Bey, adjoint, Nazim
Bey, officier d'ordonnance.

Mardi 22 octobre. — On me réveille brutalement à
6 heures, il faut se mettre immédiatement en route.
On me donne un petit cheval gris que j'ai été moi-
même choisir parmi les chevaux de l'escorte. Son
cavalier marchera avec mes bagages. Il est 8 heures
quand nous montons à cheval.

Muhktar Pacha monte un superbe cheval bai. Le
temps est radieux. Au moment de partir, arrive la
nouvelle que Varna a été prise par la flotte turque et
que des troupes vont être débarquées. Cette nouvelle
me paraît bien invraisemblable, elle n'en excite pas
moins un grand enthousiasme. Le moral paraît excellent.

D'Andrinople arrivent de bonnes nouvelles recueil-
lies par la brigade de cavalerie d'Ibrahim Pacha.

Au cours de la nuit, le 3e corps a reçu l'ordre de
marcher sur Erikler—Petra et d'y attaquer l'ennemi
signalé dans cette direction. La 7e division, formant la
droite, avait été renforcée et se dirigeait sur Erikler.
Une seconde colonne — celle avec laquelle nous mar-

chons — se dirige par le fort de Kirkilissé sur Petra—
Eski-Polos, elle comprend la 8ᵉ division. Plus au sud,
la 9ᵉ division.

Cette offensive avait été prescrite par Abdullah
Pacha en personne, bien que Mahmud Muhktar Pacha
lui eût rendu compte que l'état de ses troupes ne lui
permettait pas encore de passer à l'offensive. Il avait
commencé à organiser sérieusement une bonne position autour de Kirkilissé, et avait l'intention d'y
attendre l'ennemi, jusqu'à ce que toutes ses divisions, bien constituées, fussent arrivées à la même
hauteur. Ce n'est qu'à regret que le général exécuta
l'ordre d'aller de l'avant.

Le plan du général en chef était de laisser l'ennemi
s'avancer assez loin vers le sud, puis de le refouler
sur Andrinople sous la pression enveloppante du
3ᵉ corps renforcé, débouchant du nord-est.

Le général inspecta en passant les positions étudiées
près du fort, et qui devaient, dans son idée première,
servir à arrêter l'ennemi. Le fort est ancien, mais la
position est bien choisie et les tranchées bien établies.

Les troupes traversent Kirkilissé vers 8 heures. Plus
au sud, d'autres gagnent Raklika. Nous nous dirigeons
vers la colonne de gauche.

Partout, la présence du Pacha anime les troupes
qui le saluent chaleureusement. Il intervient en personne là où il constate du désordre. Je n'ai pas bonne
opinion de ces bandes de rédifs, qui ne montrent
aucune trace d'organisation. Les hommes sont fati-

gués et affamés, il n'y a aucun dispositif de sûreté. Il n'existe ici aucune répartition des armes. Les officiers, des employés pour la plupart, n'ont aucune autorité.

On gagne à travers champs la route d'Erikler. Le terrain est accidenté, coupé de ravins et souvent rocheux.

On n'a pas encore de renseignements bien certains sur l'ennemi. La colonne de droite a environ deux heures de retard, celle de gauche trois heures en raison de l'heure tardive à laquelle les ordres ont été communiqués. Nous nous arrêtons près d'un moulin.

Vers 11ʰ15, quelques coups de canon se font entendre sur la droite. Il est 11ʰ45 quand nous atteignons les hauteurs de Petra.

Vers midi, arrive le renseignement que de l'infanterie ennemie, évaluée à environ 2.000 hommes, se trouve à Karamza, au nord-ouest d'Eski-Polos. L'ordre d'attaque est donné à 12ʰ40. La division de gauche doit serrer vers la 8ᵉ et demeurer en liaison avec elle.

Le coup d'œil que l'on a des hauteurs d'Eski-Polos est magnifique. Depuis 11ʰ10, on entend le canon sur la gauche, le 1ᵉʳ corps doit être engagé.

Un immense incendie se distingue dans la direction d'Andrinople. En même temps, le combat d'artillerie semble s'engager vers la droite.

La situation paraît devenir sérieuse. Les troupes se massent derrière la colline sud-est d'Eski-Polos. L'artillerie se met en batterie. Nulle part je ne puis remarquer d'initiative de la part des chefs en sous-ordre. Le général en chef doit se multiplier et agir partout de lui-même. Les rédifs s'avancent comme à la promenade et laissent des traînards à chaque pas. L'impression générale est mauvaise.

Rien encore sur l'ennemi. De tous côtés on entend une canonnade ralentie. Mais tout à coup elle éclate violemment, nos batteries ont ouvert le feu sur de minces lignes de tirailleurs ennemis. Nos pertes sont minimes. Notre artillerie paraît avoir encadré le but, on voit les coups éclater sur la position bulgare.

La lutte d'artillerie cesse à 3^{h}40. Le Pacha a fait preuve d'un calme parfait. Son courage frise la témérité.

Ce n'est pas le rôle du général en chef que de diriger les régiments ou les bataillons, et pourtant, s'il ne l'avait fait, jamais les troupes n'auraient atteint les emplacements convenables. Les bataillons comprenaient un cinquième de troupes actives, deux cinquièmes de recrues et deux cinquièmes de rédifs.

3^{h}50. — Un violent feu de mousqueterie se fait entendre sur notre gauche. C'est la 9e division et celle du prince Aziz qui s'engagent de près.

A 4^{h}8, apparaît un régiment de cavalerie qui doit former notre cavalerie divisionnaire. Ordre est donné de constituer une ligne de relais avec la 7e division, et le général détache trois reconnaissances d'officiers. La liaison va être ainsi assurée avec le 1er corps. La cavalerie a bon aspect, les chevaux paraissent bien dressés.

L'infanterie bulgare ne semble pas vouloir se laisser accrocher, elle paraît chercher à se glisser entre nous et la 7ᵉ division. Mais y a-t-il une autre colonne plus au nord ?

La 7ᵉ division reçoit l'ordre de se rapprocher le 23 des 8ᵉ et 9ᵉ divisions.

La lutte traîne, vers 5ʰ 15 l'artillerie se tait.

Nous nous attendons à être attaqués le 24 sur notre droite par des forces importantes. En conséquence, le Pacha donne, à 5ʰ 40, l'ordre de marcher demain énergiquement de l'avant. La division recevra des renforts prélevés sur la 9ᵉ.

Nous comptons assurer l'occupation de la position d'aujourd'hui avec de faibles forces, tandis que le reste sera à la disposition du général. Nous bivouaquons sur place, le quartier général s'installe dans une misérable hutte à Petra. Sauf quelques œufs et un peu de pain, il n'y a rien à manger. En rentrant, le général donne des instructions pour faire venir les trains régimentaires, mais le sol est tellement détrempé qu'ils ne pourront arriver. Nous dormons jusqu'à 5 heures.

Mercredi 23 octobre. — La pluie a repris pendant la nuit. Aucun renseignement nouveau de la cavalerie, il est probable que la ligne de correspondance ne fonctionne pas. Il semble que tous les corps ayant pris contact aient à annoncer un succès.

Les conférences de l'état-major durent jusqu'à 6 heures. A 7 heures, le feu s'engage près et en avant de nous. Nous montons à cheval à 7ʰ 3o. A peine avons-nous parcouru 6oo mètres, que des bandes de rédifs viennent en courant et en criant à notre rencontre.

Quelques minutes sont nécessaires pour comprendre la situation. Puis nous voyons le Pacha tirer son sabre et frapper à tour de bras sur les rédifs qui l'entourent. Nous faisons de même et ouvrons le feu sur les fuyards avec nos revolvers.

Nous réussissons ainsi, en cavalcadant autour de cette masse confuse, à reformer quelques groupes. De toutes parts, des coups de feu : les rédifs affolés tirent simplement en l'air. Le Pacha circule à travers champs, donne sés ordres et ne cesse de pousser les troupes en avant. Derrière tous les rochers ou les buissons se découvrent des rédifs cachés.

Ces malheureux, épuisés par le mauvais temps, le manque de nourriture, mal vêtus, pourvus de chaussures déplorables, mal commandés, ne comptant qu'à peine 2oo anciens soldats par bataillon, ont épuisé leurs munitions dès les premiers instants par un tir désordonné. Comme le ravitaillement n'a pas fonctionné, les troupes ainsi désarmées ont battu en retraite entraînant dans leur fuite éperdue les éléments rencontrés au passage.

Mais il n'y a rien de perdu encore, l'ennemi ne paraît pas s'être rendu compte de la situation. Son artillerie, ralentie, elle aussi, par les mauvais chemins, n'est pas encore engagée.

Nos lignes de marche sont encombrées de voitures brisées, de caisses de munitions portant la mention « Krupp ».

Vers 10 heures, le combat est indécis. L'artillerie bulgare est entrée en action.

Les chefs en sous-ordre dans notre parti ne savent que faire ni où aller. Le Pacha fait tout ce qu'il peut, mais il ne peut être partout et remplacer tout le monde. On se rend bien compte que cela ne va pas. D'autre part, l'ennemi n'a montré que des forces peu nombreuses.

La situation de la 7ᵉ division, à notre droite, est bonne. Son chef avait, la veille au soir, rassemblé son gros et se portait maintenant vigoureusement en avant, comme le prouvaient les changements de position de l'artillerie. La situation était critique.

Nos pertes sont faibles. L'artillerie est calme et fait bien son affaire. Mais les munitions commencent à manquer. Je propose de faire porter au feu, par des hommes de corvée, les caisses de munitions restées sur les voitures embourbées. Lorsqu'elles arrivent, on ne peut ouvrir les caisses dont les couvercles, gonflés par l'humidité, retiennent les clous.

Mais les rédifs fuient de nouveau. Vers 11 heures, le général porte une partie de l'artillerie sur une position de repli en arrière de notre droite. Il était temps, la retraite s'accentue et tourne à la fuite. Mais l'ennemi ne paraît pas vouloir se risquer à avancer. J'estime que lui aussi a envoyé des renforts à sa gauche contre la

7ᵉ division, de sorte que nous n'avons que peu de monde devant nous. La situation paraît heureusement bonne à notre droite.

De toutes parts brûlent les villages, le canon tonne sur tout le front.

La vue des malheureux blessés, gelés et trempés, est affreuse. Il n'existe aucun organe du service de santé de l'avant. Il n'y a même pas d'eau pour laver les blessures.

Nous parvenons à faire arrêter les rédifs sur la position préparée. L'ennemi ne poursuit que mollement.

Petra est en flammes. Les routes sont encombrées de bagages, malgré l'ordre donné d'avoir à laisser, dès l'aube, les routes libres. L'ordre n'a pas dû arriver.

Midi. — Les trois bataillons demandés par le général à la 7ᵉ division arrivent. Vers 2 heures, nous occupons la position fortifiée; l'ennemi n'a pas poursuivi son avance.

Tout à coup, vers 2ʰ30, de l'infanterie apparaît au nord de l'ouvrage. C'est la gauche de la 7ᵉ division. Notre artillerie peut agir de flanc, et l'ennemi est refoulé. A 3 heures arrive l'officier d'état-major de la 7ᵉ division qui annonce le succès. C'est un vrai plaisir que de voir les réguliers s'avancer malgré le feu violent des Bulgares. L'artillerie accompagne l'offensive en changeant de positions. Nous nous dirigeons vers la ville, après que le Pacha a donné toutes ses instructions pour la défense.

Pendant qu'il télégraphie, revient l'officier d'état-major de la 7ᵉ division, qui rend compte, à 5 heures, que les troupes abandonnent leurs emplacements, que la retraite est générale, bien que les Bulgares n'aient pas gagné de l'avant. Une terrible panique est survenue, sans qu'on ait pu en discerner la cause. Les officiers n'ont pu réagir. Le quartier général risque d'être enlevé.

Toute cette conversation a lieu en allemand, car on redoute la présence d'espions parmi les employés du télégraphe.

Nous ne pouvons arriver à comprendre comment tout cela est arrivé : presque toutes les pièces n'ont-elles pas été placées par le général lui-même. Le Pacha se précipite dehors et, avec quelques cavaliers, galope vers le fort. Dans l'obscurité, je ne retrouve plus mon cheval.

Je cours à pied avec les autres officiers vers le quartier général, je rencontre un officier d'ordonnance, puis Abdul Reouf, enfin mon cheval. Nous tournons dans tous les sens pour retrouver le Pacha, mais sans résultats.

Tout est plein de soldats. Les rues sont barrées par les canons et les voitures; les habitants, qui sont chrétiens, nous fusillent par les fenêtres. Le bruit et le désordre ne peuvent se décrire.

7 heures. — Nous remontons au fort, où il n'y a plus de troupes, puis nous nous rendons à la gare, où les trains sont pris d'assaut. On force les employés à les mettre en route, malgré les accidents qui peuvent en résulter. Nulle part de traces du général. Tout le 3ᵉ corps et partie du 1ᵉʳ sont en retraite, sans que personne ne puisse dire comment et pourquoi.

Nous sommes là environ quinze cavaliers qui quittons la ville les derniers, mais où allons-nous? Nous nous décidons à nous diriger sur Lule-Burgas, qui a déjà été pris comme objectif par l'artillerie et le gros des fuyards.

Il pleut à torrents, nous sommes morts de fatigue et n'avons rien mangé de la journée.

Nous gagnons Asambelli à travers champs, marchant parallèlement à la route, mais dans l'obscurité on ne peut aller plus loin. Nous atteignons à Kavakli la route de Kirkilissé à Baba-Eski et poursuivons la marche au pas. Tous les bagages, les munitions et les vivres du corps d'armée sont perdus. On ne voit que pièces embourbées, dont les attelages ont été dételés par les fuyards. Les caisses de munitions gisent dans la boue, le désordre est complet.

Partout des fuyards. A 7ʰ30 du matin, nous arrivons à Baba-Eski. Qu'une semblable nuit est longue! Aucune nouvelle du Pacha.

Je réussis à mettre la main sur une locomotive et deux wagons qui nous conduiront ce soir à Lule-Burgas avec nos chevaux. Je dois cette aubaine à la bonne volonté des employés de chemin de fer, auxquels je montre une lettre de recommandation du directeur général M. Muller.

Je fais chercher les membres de l'état-major qui se

sont rendus dans la ville à cheval. Mais tous sont partis; il ne reste que Reouf Bey et moi, et nous sommes sans chevaux et sans bagages. Que vont devenir nos montures!

Il faut absolument retrouver Mahmud Pacha, il faut bien qu'il réunisse ses troupes quelque part.

L'histoire a-t-elle jamais offert une situation analogue?

Voilà une armée qui est dispersée sans combat, sans avoir subi de pertes importantes, et dont une fraction a remporté une victoire. Que va-t-il arriver? On dit que de nombreux soldats ottomans ont été corrompus par les habitants grecs ou bulgares, mais ceci ne doit être qu'un conte bleu. Les origines de la panique sont plus graves, on les connaîtra bientôt sans doute. A 6 heures du soir, on apprend que tous les autres corps d'armée sont victorieux. Osman Pacha, le commandant de la 3ᵉ division, vient d'arriver à Baba-Eski. Nous rassemblons ce que nous pouvons de troupes pour les lui amener.

Le chef de gare a fait pour nous tout ce qu'il peut faire. Personne n'a plus rien à manger, il n'y a plus un seul morceau de pain dans Baba-Eski. Nous montons sur une machine. Le mécanicien est allemand. Il nous dit que, depuis plusieurs jours, le personnel ne dort plus. Nous roulons lentement jusqu'à la voie principale, mais les rails sont inondés. A Alpoullu, il faut monter dans un autre train, qui ne partira que dans une heure, Lule-Burgas étant encombré de trains.

La station est le théâtre de scènes épouvantables.

Tous les habitants ont fui, ils ont chargé sur leurs charrettes à buffles leurs femmes, leurs enfants, ce qu'ils ont de plus précieux, et suivent la voie ou se dirigent sur Rodosto en longues files. Les villages sont en flammes, le désordre est effrayant. On ne voit qu'enfants à moitié nus, que femmes courant pieds nus dans la boue.

Les officiers et les hommes se conduisent comme des brutes; revolver au poing, ils exigent ce qui leur semble bon. Nous espérions pouvoir dormir dans notre compartiment jusqu'au départ du train, mais il faut le défendre les armes à la main contre la soldatesque qui veut s'en emparer. On escalade même les toits des wagons. Deux Bulgares, convaincus d'espionnage, sont saisis et fusillés séance tenante, un troisième, qui cherche à s'enfuir, est tué lui aussi.

On ne pense qu'à se sauver. Vers 1 heure le train repart.

Vendredi 25 octobre. — On signale de partout des accidents de chemin de fer. Les employés sont débordés.

Il est 4 heures quand nous arrivons enfin à Lule-Burgas. Mahmud Pacha n'y est pas. On nous dit que le quartier général doit être à Tschorlu ou plus à l'ouest. Deux wagons ont déraillé sur le trajet, de sorte que nous ne pouvons y aller.

Je suis avec le chef de gare que je connais. Grâce

une fois de plus à ma lettre de recommandation, j'obtiens qu'une machine nous conduise jusqu'au lieu de l'accident, à 5 kilomètres de Tschorlu.

Nous partons à 7ʰ 3o. Le déraillement a été produit par un troupeau de moutons dont une trentaine ont été broyés par la machine. Les soldats se disputent les débris épars autour des roues et les font cuire. Les deux locomotives sont sorties des rails et les wagons sont en morceaux. Le trafic va se trouver suspendu pendant deux jours.

Mustapha Natik Pacha est blessé. Il se rendait à Lule-Burgas pour rejoindre sa division.

Nous descendons pour gagner à pied la station de Zeidler. Il nous faut franchir le pont sur lequel l'accident s'est produit, en passant au milieu du sang et des entrailles du troupeau dépecé. Le tableau est horrible!

Impossible d'aller plus loin. Je téléphone à Tschorlu, pour savoir si Mahmud Pacha est là. On me répond que non, qu'il est à Lule-Burgas. Nous montons dans un chariot à bœufs et revenons sur nos pas. En route, rencontre de Nureddin Bey Vlora, le fils de l'ancien grand vizir, actuellement président au Sénat; il nous dit que Mahmud n'est pas à Lule-Burgas. Nous décidons de revenir à Tschorlu.

Le bey me donne un cheval épuisé, c'est tout ce qui lui reste. Je gagne la station et fais chauffer une locomotive. Nureddin passe alors le cheval à Mustapha Natik, afin qu'il puisse rejoindre sa division, et nous demeurons ensemble.

Les fuyards ne cessent d'arriver. Les gares situées plus à l'ouest ont été abandonnées par les employés; de fait, les troupes se trouvent coupées de Constantinople. Les trains s'embouteillent sur l'unique voie.

Le temps est meilleur, mais l'humidité fait pourrir mes chaussures imbibées. La misère est générale, des soldats nous menacent et exigent à manger. Mais il n'y a rien à faire. On a volé le chargeur du revolver de Reouf Bey!

On arrête les fuyards à Tschorlu, beaucoup d'entre eux repartent en sens inverse. On ne sait rien de certain sur la situation. Quelle misère! De ce que j'entends, la situation serait mauvaise partout.

La division Aziz, du 1er corps, a, elle aussi, éprouvé hier une panique à la droite de notre ligne, et la vue des fuyards a contribué à abattre le moral du 3e corps.

Cette retraite générale a compromis l'importance des succès remportés le 23 par les autres corps, ceux-ci, afin de ne pas se trouver isolés, ont dû également battre en retraite, sur Lule-Burgas ou Baba-Eski.

Les blessés forment un tableau pitoyable. Ils ont dû faire à pied le long trajet de Kirkilissé à Tschorlu par Baba-Eski, avant de trouver des moyens d'évacuation.

On peut admettre que la situation du 24 est demeurée indécise. Si elle n'a pas été complètement désastreuse pour les Turcs, il faut en chercher la cause dans l'ignorance dans laquelle sont restés les

Bulgares de l'étendue de leur succès. Ils n'ont pas su l'exploiter; bien mieux, ils n'ont même pas songé à occuper les positions abandonnées.

2ʰ3o. — Il nous a fallu huit heures pour atteindre Tschorlu. Il est 11ʰ3o du soir. Nous trouvons à la gare l'état-major du grand quartier général. Nous racontons nos aventures. Je retrouve le domestique de Muhktar Pacha, il a encore mon appareil photographique, mais le reste de nos bagages est perdu. Il raconte que des soldats ont dételé nos équipages pour se sauver avec les chevaux. Tout est en retraite. Jevad Bey se rend à Tscherkeskoj auprès du ministre de la Guerre. Muhktar Pacha serait à Viza, où il rassemblerait des troupes sur la route Kirkilissé—Constantinople. Il a fait fusiller 10 hommes aujourd'hui.

L'état de siège a été proclamé ici. Je vais à la caserne pour voir Lossow qui est souffrant.

Les vivres manquent également au quartier général. On a pillé les dépôts de vivres établis le long de la voie ferrée. Il n'y a plus un seul morceau de pain. Les paroles ne s'échangent plus qu'à voix basse. Ne pourrons-nous donc ce soir ni manger ni dormir? Je tombe littéralement de fatigue.

Je me décide, avec Nureddin, à prendre le premier train qui passera pour gagner Tscherkeskoj; là, dit-on, il y a encore des vivres. Il faut absolument que je mange, sinon je tomberai malade.

Le quartier général prendra demain la même direction, je gagnerai ensuite Viza avec une voiture. Cela ne peut durer longtemps ainsi. Nous avons de nouveau perdu Abdul Reouf. Avec Jevad Bey nous montons sur une locomotive qui nous conduira à Tscherkeskoj. Mais, là non plus, il n'y a plus rien à manger. Je dors trois heures sur une chaise.

Samedi 26 octobre. — Enfin, à 6 heures du matin, je retrouve Tefik Bey, l'officier d'ordonnance du ministre et les officiers de l'état-major.

Le ministre me reçoit, il faut que je lui raconte en détail tout ce que je sais. J'insiste pour que les troupes reçoivent des vivres et des munitions. En réponse à la question qui m'est posée, je réponds que, suivant moi, on ne peut plus avoir confiance dans les rédifs, malgré qu'ils aient acclamé le ministre au moment où il parcourait leurs rangs, et malgré l'exemple donné par les exécutions sommaires des jours derniers.

Je ne puis suffisamment louer la conduite de Muhktar Pacha et ces éloges me sont particulièrement agréables à décerner.

On me donne un grand pain prélevé sur les ressources du wagon-restaurant, ainsi qu'un peu de café.

Notre cavalerie divisionnaire apparaît, elle me donnera une monture avec laquelle je pourrai gagner Viza. Au lavabo du wagon, je puis, pour la première fois depuis cinq jours, faire une toilette complète. Mes effets, mon linge sont noirs.

On me dit que l'ennemi n'a pas poursuivi et qu'aujourd'hui même Kirkilissé n'est pas encore occupé par les Bulgares ! Et dire que nous l'avons évacué en laissant tant de canons derrière nous !

J'ai au moins une compensation à toutes mes misères, je puis enfin dire tout ce que j'ai sur le cœur et me décharger auprès de qui de droit. Mais à quoi cela servira-t-il ?

9 heures du matin. — Je trouve à prendre un verre de cognac.

10 heures. — Je suis appelé au train spécial du ministre, où j'ai à commenter les événements de Petra et de Kirkilissé. La situation est meilleure que je ne le croyais. Les Bulgares semblent épuisés, nulle part ils n'ont poursuivi leur offensive. Tscherkeskoj est le théâtre d'une activité dévorante, il ne cesse d'y arriver des troupes fraîches et des approvisionnements envoyés de Constantinople. Les officiers brûlent de prendre une revanche éclatante. Je suis invité à dîner dans le wagon-salon.

De tout ce que j'ai entendu résulte l'impression suivante :

Les opérations ont subi un certain temps d'arrêt, par suite de la fuite de la division Aziz du 1er corps et du 2e corps tout entier, qui ont entraîné la retraite des autres éléments de l'armée.

L'armée est complètement démoralisée, elle n'est pas nourrie, les villages brûlés ne lui offrent aucune ressource pour s'abriter du froid, et le bois fait défaut. Heureusement, l'ennemi n'a pas su profiter de la situation et n'a pas poursuivi. Les actions qui s'engagent en ce moment sont sans importance. Les paysans des villages grecs ou bulgares situés à l'ouest et au nord de Viza se sont formés en bandes et sont tous armés.

Les Turcs semblent être heureux devant Andrinople. Aux termes de dépêches reçues hier par le ministre de la Guerre, 12.000 Bulgares auraient trouvé la mort devant les ouvrages de la place.

Mais ce chiffre me paraît exagéré.

L'armée active ne cesse de recevoir des renforts venant de Constantinople; le ministre et son entourage se déclarent satisfaits.

Le général en chef résume ainsi ses intentions :

Le 3e corps sera reformé à l'ouest de Viza;

Le 1er corps à Kawakderé, à l'est de Karali;

Les 2e et 4e corps à Baba-Eski—Hakoj.

De cette façon, les deux ailes seront repliées respectivement vers Viza et Baba-Eski.

Le 16e corps est dans Andrinople, qui n'est pas encore complètement investie.

Le 18e corps se concentre à Karatepe, 14 kilomètres nord-ouest de Saraj, pour y constituer une position défensive.

Je suppose que cette position a été choisie parce qu'elle commande la seule route utilisable par de grandes masses de troupes et par l'artillerie qui chercheraient à tourner la droite turque.

Le grand quartier général est à Tschorlu, et comme il n'est pas sûr des rédifs qui l'entourent, il se fait garder par le personnel de l'école de tir qui a été appelé à cet effet. Le ministre de la Guerre reste à Tscherkeskoj où se trouvent les principaux approvisionnements de l'armée. C'est de ce point que partent les ravitaillements.

Le temps est froid. Ces jours derniers, dans la région de Viza, le thermomètre est descendu au-dessous de zéro. On se prépare à une campagne d'hiver.

L'intention du général en chef est de faire déboucher du front Viza—Lulé-Burgas l'ensemble de ses corps dans l'ordre 3, 1, 2, 4, qu'ils occupent, de faire une demi-conversion un peu plus à l'ouest, puis de se rabattre vers le nord sur Kirkilissé pour rejeter les Bulgares au delà de leur frontière.

Le général en chef veut réorganiser l'infanterie, en formant les régiments à trois bataillons, dont l'un, destiné à servir de réserve, sera constitué par les rédifs. Il espère éviter ainsi les paniques de Petra et d'Eski-Polos.

Mais je crains fort que la démoralisation actuelle, due aux ravitaillements insuffisants, aux conditions matérielles déplorables, au manque de munitions, conséquence de l'état des chemins, ne permette plus de passer à l'offensive.

Il y a tout lieu de supposer que la situation n'est pas plus brillante chez les Bulgares, de sorte que si le Gouvernement ottoman réussit à pallier les inconvénients que je viens de signaler, il n'est pas impossible que ses armes ne puissent, en fin de compte, inscrire une victoire sur leurs drapeaux.

J'ai trouvé une petite voiture chargée de sacs de
farine sur laquelle je me hisse avec Nureddin Bey.
Nous partons à 3ʰ 3o à travers un pays merveilleux.
Beaucoup de champs de tabac jusqu'à Saraj. Dépassé
en route un régiment de cavalerie et notre cavalerie
divisionnaire. Dans la gendarmerie de Saraj, rencontre
de nombreux camarades, effusions chaleureuses, acco-
lades, cognac, enthousiasme guerrier! Nous faisons
préparer un dîner, avec bouillon de poulets qui viennent d'être tués. Puis, le sommeil, car il ne saurait
être question de continuer en pleine obscurité, dans
un pays où tous les paysans sont armés.

La soirée se passe joyeusement, malgré tout ce que
nous avons souffert. Les impressions se modifient vite
à la guerre. On dessine des caricatures. Il pleut à
verse.

Dimanche 27 octobre. — *8 heures* départ. Il a plu
toute la nuit, et ce matin la moitié du village a brûlé.
Les routes sont tellement détrempées que les voitures
restent en panne. Environ 15o blessés, éreintés, en
haillons, nous croisent, ils ont dû parcourir à pied le
long trajet jusqu'à la gare. Ils disent qu'il y a eu de
sanglantes affaires entre petits détachements. A 1ʰ 3o
nous sommes à Viza.

Je retrouve Mahmud Muhktar Pacha dans le vieux
château, siège du Gouvernement. Il me reçoit à mer-
veille et me laisse lui raconter ce que je sais. Viza est
plein de troupes. Au début, il n'y avait sur place et

aux environs que 8.000 hommes. Dans la soirée, arrivent Reouf et d'autres officiers supérieurs.

Tous les soldats et officiers cantonnés dans un village ont été massacrés par les Grecs et les Bulgares, on n'a plus trouvé que des membres épars, les effets et les fusils. Le général a fait fusiller toute la population masculine, puis a fait brûler le village après en avoir éloigné les femmes et les enfants.

Il fait très froid ici. Tout ce que j'entends me fait présumer une campagne d'hiver. Il nous faudra un nouvel équipement. Je compte me rendre demain à la gare avec une escorte, pour aller passer deux jours à Constantinople, où je ferai les achats nécessaires à l'état-major. Je puis d'autant mieux le faire que je suis haut-le-pied et qu'il n'y aura pas de grands combats avant que les troupes ne soient concentrées de nouveau. Le général veut avant tout les avoir bien en main.

Lundi 28 octobre. — Je voulais partir à 6 heures du matin avec un convoi de blessés, mais il est encore là à 10 heures. Je pars donc à cheval, avec le cocher de Reouf Bey, bien qu'on m'en ait dissuadé. Nous arrivons sans encombre à Saraj, où je retrouve des connaissances.

Croisé en route de nombreuses troupes et des convois qui marchent sur Viza. Vu également une colonne du 18ᵉ corps en marche sur Kara Tepé.

A 1ʰ 45, je poursuis ma route. On a tiré trois fois

sur nous, mais les buissons de chênes verts ne m'ont pas permis de voir d'où venaient les coups. Mon cheval perd un fer, il faut deux heures pour réparer l'accident.

Tscherkeskoj est bondé de trains et de voitures chargées. Il y aura un train pour Constantinople à 9 heures, mais il mettra près de vingt heures à couvrir le trajet.

On annonce l'arrivée d'un train de blessés venant de Tschorlu. Ils doivent provenir des combats engagés dans la journée dans la direction de Baba-Eski, et dont j'ai entendu le canon pendant mon voyage.

Il fait très froid, la terre est gelée, il a neigé ici cette nuit. Enfin, à 9 heures, je puis partir, je m'installe dans un compartiment vide et dors parfaitement.

Mardi 29 octobre. — Je me réveille à 7ʰ30, nous sommes à San-Stephano, bientôt on voit briller les minarets de Constantinople dans le soleil levant. Je contemple la mer étincelante, et maintenant que je suis loin de toutes les scènes d'horreur et d'épouvante des jours passés, j'apprécie plus que jamais ce spectacle enchanteur. Je ressens la joie de vivre, je songe aux miens, et me dis qu'après tout il est bon d'être un homme. Au Palace Hôtel de Pera, je dépouille tout l'aspect extérieur de l'homme de guerre. Tout en déplorant que le temps me soit aussi strictement mesuré, j'ai plaisir à retrouver l'amitié et les marques d'intérêt de ceux qui me connaissent.

J'apprends bien des choses intéressantes à l'ambassade. Mais mon étonnement est grand de voir combien tout le monde dans la capitale est mal renseigné sur la situation.

Les attachés militaires et les correspondants ne sont pas encore partis, ce qui ne veut pas dire que ces derniers n'aient pas encore envoyé de copie à leurs journaux.

La mouche de M. Gunther me mène à Moda où je me présente à la femme de Mahmud Muhktar, qui est princesse égyptienne. Elle veut bien me recevoir de la plus aimable façon dans son superbe palais de marbre, et est toute heureuse de ce que je lui raconte des prouesses de son vaillant époux. Elle me promet que demain le nouvel équipement destiné au général sera prêt.

Mercredi 3o octobre. — Toute la journée a été employée aux achats, et tout est terminé maintenant. Je suis content de repartir, il y a eu de nouveaux combats et je ne veux rien manquer.

Mais combien les journaux sont mal renseignés! Le Gouvernement a, il est vrai, intérêt à cacher la vérité. S'il était vrai que Mahmud Muhktar ait été vainqueur à Viza, l'annonce de cette nouvelle sera bien vue par l'opinion publique. Mais comment une telle victoire est-elle possible alors que le général voulait avant tout éviter une nouvelle bataille.

Le comte Plessen veut partir avec moi, il a tout préparé, puis, au dernier moment, il change d'avis. Il m'accompagne à la gare, le train part exactement à 5ʰ 40 du soir.

Nous marchons plus vite, car on n'a pas expédié de trains aujourd'hui dans la direction d'Andrinople, afin de permettre l'écoulement de ceux garés sur le parcours. On me dit que des troupes fraîches sont envoyées chaque jour sur le front.

Il y a de l'artillerie dans mon train, des batteries qui ont dû rester à Constantinople parce qu'on manquait d'attelages! Il y a aussi une batterie de mortiers.

Je cherche à faire le bilan de la situation, pour voir les chances qui restent encore aux Turcs.

La ligne sur laquelle se trouve actuellement l'armée de l'Est est très forte naturellement. L'aile droite est au sommet de la plaine arrosée par les affluents de l'Ergène. La ville de Viza est à une altitude de 800 mètres au pied de l'Istrandja Dagh. C'est un nœud de routes important, et il est probable que le quartier général du 3ᵉ corps y est resté.

Le terrain avoisinant la côte est accidenté et couvert de bois. Il est parcouru par des bandes armées qui font cause commune avec les Bulgares.

Le front turc court ensuite vers le sud-ouest pour atteindre Lule-Burgas, il a environ 70 kilomètres d'étendue. Le flanc gauche est couvert par la Maritza et l'Ergène.

Les tentatives enveloppantes des Bulgares seraient

donc très aventurées, ils ne sont du reste pas assez nombreux pour agir de front, investir Andrinople et opérer en outre sur les flancs. Il y a, enfin, en arrière de notre droite, à Kara Tepé, un corps de nouvelle formation destiné à parer à l'enveloppement, dont l'armée de l'Est doit se garder, si elle veut conserver sa ligne de retraite.

6ʰ 3o. — Nous avons déjà passé trois stations, partout les municipalités et les élèves des écoles sont sur les quais et saluent les troupes qui passent.

Vendredi 1ᵉʳ novembre. — Les choses tournent en général autrement qu'on ne l'avait prévu. Il est 8 heures, et nous sommes toujours à Sinekli, il nous faudra encore quatre heures pour atteindre Tscherkeskoj. Croisé un train portant 1.000 blessés. Ils viennent de la région de Marasch où on s'est battu mardi, ils appartiennent au 2ᵉ corps. Ils ont eu, disent-ils, peu de morts, mais beaucoup de blessés, et ont dû venir à pied jusqu'à Tschorlu. La lutte a été favorable aux Turcs.

Marasch est situé près d'Ueskudar, à l'ouest d'Andrinople.

Il y a donc eu une sortie mardi. Le fait que les blessés sont venus à pied à Tschorlu prouve que la voie ferrée est occupée par l'ennemi, mais que l'investissement n'est pas étroit, sinon ils n'auraient pu passer.

8ʰ 3o. — Nous sommes toujours arrêtés, un second

train interminable de blessés passe encore. 8ʰ 45, nous repartons. Les derniers blessés viennent de Viza. Les Bulgares ont, dit-on, perdu beaucoup de monde, surtout des morts.

Cette attente me fatigue, j'ai télégraphié à Tscherkeskoj, et obtenu l'autorisation de monter sur une machine. Mais un train de marchandises arrive, dans lequel je prends place. Nous arrivons enfin à 1ʰ 3o.

J'apprends que la mort de Veit n'est pas du tout certaine; bien au contraire, il serait en bonne santé. Le colonel Veit a trouvé la division de cavalerie et est resté dans l'état-major de Salih Pacha, qui la commande.

Muhktar Pacha a bien remporté une victoire et est arrivé jusqu'à Bunarhissar. Par contre, les Turcs ont dû reculer en face de Lule-Burgas.

Le grand quartier général d'Abdullah est encore à Tschorlu. C'est là également que sont enfin arrivés les attachés militaires. J'apprends qu'ici, à Tscherkeskoj, un nouveau corps a été formé pour être envoyé sur le front. Que n'a-t-on attendu que tous ses préparatifs fussent terminés avant de se lancer en avant!

Il y a de nombreux blessés ici, et la gare est encombrée de trains. Je repars dans une heure pour Viza, espérant que Muhktar y est encore. Il arrive à l'instant un télégramme de lui, disant que de nouveaux combats sont engagés et que jusqu'à présent tout va bien.

Je parle à Perteff Pacha, il doit se rendre en auto à Viza, le ministre de la Guerre donne lui-même les

ordres afin que mes équipages soient prêts immédiatement; je pense que cela va marcher, je brûle du
désir de me retrouver sur le front.

Un capitaine qui doit rejoindre l'état-major de
Muhktar se joint à moi, il parle bien le français. Nous
disposons de trois voitures à bœufs, avec 4 soldats et
3 conducteurs, j'ai en outre trouvé un cheval. Tout
cela va très lentement.

Beaucoup de blessés au premier village rencontré.
Des morts, également, abandonnés sur la route. Personne ne fait attention à eux.

Ce n'est qu'à 9 heures que nous arrivons à la gendarmerie de Saraj qui est déjà une ancienne connaissance.

C'est là que sont les attachés militaires, et que je
passerai la nuit. Quel bonheur d'avoir tout ce qu'il
vous faut !

J'apprends que Muhktar s'est rendu à Bunarhissar
où il doit être encore, après avoir fait serrer le centre
de son dispositif sur sa droite. De toute manière, je
compte partir de bonne heure. Pendant la nuit, de
nouveau pluie diluvienne.

Samedi 2 novembre. — Départ à 7 heures; deux soldats ont disparu sans laisser de traces. Je promets un
bon pourboire aux conducteurs si nous arrivons vite
et sans encombre.

La plupart des attachés militaires dorment encore,
je donne un coup de main à von Stempel, qui est

déjà debout, en lui procurant quelque chose à manger. Les bagages de ces messieurs ne sont pas encore arrivés.

Nous comptons sur une bataille pour aujourd'hui. Dès 7 heures le vent apporte l'écho de la canonnade.

On n'avance que lentement, le terrain est détrempé et le moindre ruisseau est débordé. Après deux heures de marche, nous sommes dépassés par la cavalcade des attachés et de leur escorte.

Je m'arrête dans une hutte de torchis. Elle est pleine de soldats et de blessés, l'air est empesté. Quelques-uns me disent qu'ils n'ont pas mangé depuis de longs jours. Je leur donne la moitié de mon pain, mais qu'est cela pour une telle foule! C'est sur les derrières de l'armée qu'on peut juger de ses misères.

Mais il faut poursuivre la route, sous la pluie persistante; la lenteur s'accentue, voilà cinq heures que nous marchons, et Viza avec son vieux château se profile seulement dans le lointain.

Mais tout à coup nous sommes submergés par une foule hurlante, que suivent des voitures, des cavaliers, des caissons, une ambulance avec de nombreux médecins. Tout cela marche à grande allure; en arrière encore, d'autres isolés, puis des détachements entiers, regardant anxieusement en arrière. A environ 1.000 mètres de nous, se lèvent des masses noires qui s'avancent, mes conducteurs ne veulent pas aller plus loin.

Je suis démonté, car j'ai, dans la nuit, envoyé un

gendarme, auquel j'ai confié mon cheval, à Tscherkes-koj, pour hâter l'envoi des caissons de munitions, comme Muhktar m'en a prié par téléphone.

Il est incontestable que quelque chose d'extraordinaire s'est passé. A mes questions on ne répond que confusément. Notre escorte a disparu, les conducteurs font demi-tour ; c'est du reste ce qu'il y a de mieux à faire, car, avec cette boue, il est impossible de songer à remonter le torrent humain qui se déverse en sens contraire.

Le flot nous entraîne pendant une heure environ, des milliers de fuyards nous dépassent. Tout d'un coup, je vois un des conducteurs s'enfuir, mon compagnon de voyage ne s'en aperçoit pas, il n'entend pas mes cris, couverts par le brouhaha général. Mon conducteur se sauve à son tour.

Des soldats posent sans rien dire leurs fusils dans ma voiture afin de marcher plus à l'aise ; eux au moins ne songent pas à les jeter.

Les bœufs tirent tout seuls les charrettes hors de la vase. Nous arrivons à un ruisseau. Tout se bloque devant le pont étroit que tous veulent franchir en même temps. Le désordre est indescriptible.

Mes bœufs vont droit au ruisseau, je ne puis les diriger, je saute en bas de la voiture, mais il est trop tard, la voilà versée et les autres en font autant.

Le capitaine prend la fuite pour se mettre en sûreté. Je lui donne l'ordre de rester auprès de moi. Il me répond : « Mais que vais-je devenir ? » Me voilà donc seul dans cette mer de boue, au milieu de cette horde retournée à l'état de bestialité.

J'adjure les officiers et les hommes de sauver les bagages de leur Pacha, mais personne ne m'écoute.

Je vois un soldat qui dételle un misérable petit cheval pour se sauver dessus. Il me vient alors une idée ! Je le somme de me donner ce cheval, il me frappe à la poitrine quand je saisis la bride. J'explique à l'homme que je dois aller chercher du secours pour sauver les bagages, mais l'instinct de la conservation prime chez lui toute autre considération. Je lui offre un medjidié, une, puis deux livres turques : il finit par m'abandonner le cheval. Je suis tellement mouillé et gelé que c'est à peine si je parviens à l'enfourcher. J'ai marché ainsi environ une demi-heure, quand un soldat cherche à me faire tomber pour me voler ma monture. En même temps, il m'enlève mon sabre ; depuis longtemps mon browning m'a été volé également.

Au bout d'une heure j'atteins Saraj. J'espérais trouver du secours à la caserne de gendarmerie, mais il n'y a plus personne. Il n'y a plus rien à faire, le flot monte sans cesse. Tout est bien perdu maintenant ! Les hommes qui passent appartiennent également au 1er corps. La nuit arrive, il faut que je songe enfin à moi-même. Sans selle, je poursuis mon chemin et arrive enfin à la route de Tscherkeskoj.

Je sais maintenant *de visu* ce que sont les horreurs de la guerre. Devant moi, un soldat fait un bond comme s'il voulait faire un saut périlleux, il fait une pirouette et reste là, mort. On jette à terre les morts qui encombrent les voitures et qui gênent les vivants. Les ruisseaux débordés vous viennent à la ceinture.

Et toujours de longues bandes de paysans en fuite, criant et pleurant. Cela dure des heures, la nuit est venue et la pluie tombe sans discontinuer.

Je suis trempé jusqu'aux os et brisé de fatigue, car cette longue chevauchée sur un cheval à poil est éreintante. Un peu avant Tscherkeskoj, rencontre de la bande des attachés militaires, bien installés ici dans deux wagons-lits.

Je me rends à la gare où je trouve plusieurs employés de connaissance qui me font excellent accueil et se multiplient pour me réconforter. J'ai attaché mon bon petit cheval à un arbre, et tente de rétablir la circulation dans mes membres transis. Quatorze heures sous la pluie m'ont littéralement raidi comme un piquet. M. Kalder me donne son propre lit et une soupe chaude. Au bout de deux heures je suis en état de rédiger ces notes.

Dimanche 3 novembre. — J'ai dormi comme un loir, et ce n'est que maintenant que je puis songer à me renseigner.

Il y a eu un déraillement cette nuit à l'est de la station, la voie est interrompue jusqu'à 1 heure. Un conducteur a été forcé par un officier, revolver au poing, de mettre en marche un train dont les toits étaient surchargés de centaines de femmes, d'enfants et de blessés. Comme les ponts ont des entretoises de fer qui ne laissent que 10 à 15 centimètres de jeu au-dessus des voitures, tout ce monde a été fauché comme un gant qu'on retourne.

La gare est dans le plus grand désordre. Les wagons sont pris d'assaut, ils sont bondés de munitions qu'on évacue sur l'arrière; avec l'aide des soldats il faut les décharger de nouveau.

Abdullah Pacha a été relevé de son commandement, puis peu après rétabli dans ses fonctions, l'ordre a été rapporté. Le ministre de la Guerre repartira dès que la voie sera libre. J'échange quelques mots avec un officier de son état-major qui me dit : « Tout est perdu, même l'honneur. » On se bornera à tenir sur la position de Tschataldja, si la résistance y est encore possible !

On dit ici que le 3ᵉ corps s'est trouvé hier enveloppé à Bunarhissar, et que Muhktar Pacha a dû battre en retraite pour éviter d'être définitivement cerné. Puisse-t-il avoir réussi à s'échapper !

Les nouvelles sont rares ici. Tout est confusion, avant ce soir on ne saura sans doute rien de la situation. Mais peut-on encore espérer tenter quelque chose avec ces isolés démoralisés et affamés? J'ai depuis longtemps cessé de le croire.

Il est impossible de prendre une décision pour l'instant, rester serait inutile. Je vais tâcher de gagner Tschataldja, de m'y rallier à une formation quelconque, afin de suivre jusqu'au bout le calvaire des infortunés soldats ottomans.

Le spectacle serait drôle s'il n'était aussi triste. On vient de charger l'auto de Nazim Pacha. A côté de moi, on surveille quelques prisonniers bulgares, ils appartiennent au 5ᵉ régiment et ont des parements rouges avec une casquette genre russe. Il y a du reste beaucoup de volontaires russes parmi les Bulgares, et on a recueilli de nombreux fusils russes.

La ligne est interrompue au kilomètre 180. Le trafic fonctionne encore avec Tschorlu. Mouradli ne peut plus être atteint. Le personnel prend ses dispositions pour évacuer la gare. L'état-major d'Abdullah vient d'arriver, la consternation est peinte sur tous les visages.

La décision est prise maintenant de reculer jusqu'aux lignes de Tschataldja. Je rencontre le colonel Tupschoeweski, il a pris part aux deux combats de Viza avec Muhktar Pacha, il est malade et retourne à Constantinople. De ce qu'il m'a raconté, et de ce que j'ai pu tirer des récits de Muhktar et de Nureddine Bey Vloras, j'ai acquis la vision suivante de ces deux journées :

Bien que Mahmud Muhktar Pacha eût voulu, comme je l'ai déjà dit, attendre que ses troupes fussent reconstituées, et que les renforts fussent arrivés, il avait été forcé de reprendre l'offensive, pour arrêter la poursuite des Bulgares. Ce n'est qu'à regret qu'il se décida à obéir à cet ordre.

Mercredi 3o octobre. — Un petit engagement d'artillerie avait eu lieu à 10 kilomètres à l'est de Bunarhissar. Il était environ 2 heures quand l'infanterie s'engagea à son tour. L'offensive des Turcs avait arrêté l'avance bulgare sur Viza, et nos troupes pouvaient passer la nuit sur les emplacements occupés dans la journée.

Ce n'est que tard dans la nuit que le général revint à Viza pour goûter quelques heures de repos. Il avait l'intention de pousser énergiquement de l'avant dès le lever du jour avec le gros de ses forces et les renforts arrivés, de manière à confirmer le léger succès obtenu la veille. Au point du jour, il revenait sur le champ de bataille où la fusillade avait déjà repris. L'infanterie turque commença par gagner énergiquement du terrain et son artillerie infligea des pertes sérieuses aux Bulgares. La position d'artillerie se trouvait à l'ouest du ruisseau de Joudzack-Deré, sur des hauteurs, la droite un peu repliée vers Evrendzik. Le corps d'armée se reliait par sa gauche au 17ᵉ, dont le gros se trouvait à Karagatsch. Au sud de ce dernier le 1ᵉʳ corps s'engageait.

L'artillerie avait ouvert le feu à 3.800 mètres. Les batteries ennemies occupaient le centre de la ligne sur les hauteurs sud-est de Bunarhissar.

La droite turque ne gagna que lentement du terrain et put alors entamer le mouvement enveloppant de l'aile bulgare, qui ne comprenait que peu de forces. La lutte fut longtemps indécise.

Les Bulgares cédaient peu à peu, en laissant de nombreux morts sur le terrain. Les Turcs avaient fait bonne contenance et s'étaient avancés dans la soirée jusqu'au second ruisseau, le Karagatsch-Deré. Les morts n'avaient pas été relevés.

Le tir de l'artillerie turque avait été bon. Les batteries bulgares faisaient surtout usage de larges tirs de barrage. Elles firent un énorme emploi de munitions entre le coucher du soleil et la nuit, sans que le but de cette canonnade pût être reconnu. Il ne pouvait avoir qu'un effet moral.

A la nuit, les troupes conservèrent leurs emplacements et s'y retranchèrent. Mais ici encore, comme à Kirkilissé, on n'établit pas d'avant-postes et le général permit même d'allumer des feux de bivouac sur les crêtes !

Une fois de plus, Muhktar Pacha s'était montré l'âme de la résistance et avait assuré par ses interventions personnelles le succès de la journée. Dans son entourage, on l'avait supplié de se montrer moins téméraire, mais il ne voulait rien entendre. Le quartier général bivouaquait également sur la ligne de combat.

En face, les Bulgares ne se sentaient guère en sûreté, puisque, eux aussi, se retranchaient.

Vendredi 1er novembre. — Comme on n'avait pu assurer convenablement le ravitaillement en munitions, Muhktar Pacha avait ordonné de ne pas entamer immédiatement de nouveau l'offensive, qui ne put être reprise que vers 1 heure, quand les munitions furent arrivées.

Les Bulgares n'avaient pas bougé dans leurs tranchées.

C'est à ce moment que Muhktar reçut avis de sa nomination de commandant en chef du groupe nord de l'armée de l'Est.

A notre gauche, c'est-à-dire au 17ᵉ et au 1ᵉʳ corps, la situation était mauvaise. Les deux corps avaient dû reculer pendant la nuit, et, dans l'après-midi du vendredi, le 17ᵉ corps avait été obligé de demander l'appui du 3ᵉ. Muhktar se trouvait donc exposé à se voir coupé et rejeté vers le nord. Pertef Pacha était venu à 2 heures du matin, en automobile, le féliciter de son énergique résistance, et lui dire que le général en chef mettait tout son espoir en lui.

On dut plus tard mettre le feu à la voiture, car Pertef Pacha ne put dépasser Viza et ne voulait pas la laisser aux mains de l'ennemi.

Vers midi, la lutte devint plus ardente. Les Turcs gagnèrent lentement un peu de terrain, sans que la journée pût devenir décisive. Vers 9 heures du soir, l'ennemi lança une attaque énergique à la baïonnette sur notre centre, contre la division Konja, et la força à reculer. Notre droite avait déjà dû en faire autant au coucher du soleil.

Djemal Bey, le commandant de la division, entendant les cris de guerre de « Allah, Allah » crut que ses troupes s'avançaient, mais il ne tarda pas à reconnaître que ses soldats battaient en retraite dans la nuit. On réussit néanmoins à maintenir les troupes dans les positions initiales du matin. Mais les mauvaises nouvelles reçues de la gauche, particulièrement du 17ᵉ corps, la pluie incessante, le manque de munitions et de vivres obligèrent Muhktar à donner, à 3 heures du matin, le signal de la retraite générale sur Viza.

Cette retraite fut tout d'abord exécutée en bon ordre. Muhktar avait remis le commandement du 3ᵉ corps, mais son état-major était resté en fonctions. Lui-même s'était rendu à cheval avec 2 officiers à Tschongara, pour rencontrer Osman Pacha.

Samedi 2 novembre. — De ce côté, la lutte continuait encore à 8ʰ3o du matin, mais les réserves avaient cependant déjà entamé leur mouvement de retraite.

Au cours de cette retraite, l'artillerie du 3ᵉ corps tira sur des fractions de ses propres troupes et augmenta ainsi le désordre. Les officiers perdirent toute autorité, et, aidée par le mauvais temps et la faim, une panique analogue à celle de Kirkilissé fit, à partir de 11 heures du matin, refouler tous les corps confondus sur la ligne Viza—Saraj. Dans la soirée, Muhktar, revenu à Viza, n'y trouvait plus que la queue des troupes en retraite et il gagnait lui-même Saraj.

L'armée de l'Est bat en retraite en deux masses, les 4ᵉ, 2ᵉ et 1ᵉʳ corps au sud de la voie ferrée Tschorlu—Tschataldja, les 5ᵉ, 17ᵉ et 18ᵉ corps au nord de la ligne, par Strandja. Les pertes en artillerie sont énormes, on les évalue actuellement à quarante batteries au moins. Nombre d'officiers ont péri, de sorte que beaucoup de troupes n'ont plus de chefs.

Les blessures sont en général légères et se limitent à la main ou au bras gauche, ce qui s'explique par la position de la main gauche dans le tir exécuté dans les tranchées.

Le manque d'eau constitue une nouvelle calamité, on a fermé les fontaines qui, à cause de la pluie, ne débitent plus que de la boue ; on veut ainsi empêcher l'éclosion des épidémies.

Je me suis faufilé dans le train des attachés militaires.

Quel contraste entre ce confort international et les cruautés de la réalité. Ces messieurs occupent deux wagons-lits, sur lesquels figure en grosses lettres la mention « Londres—Constantinople ».

Les maîtres d'hôtel portent la livrée brune de la compagnie.

Tous les officiers, depuis le général Holmsen, le colonel von Pomniatowsky et le colonel Tyrill, jusqu'au plus jeune de leurs adjoints, ne se sont pas changés depuis la veille, ils sont boueux et trempés, leurs bagages ne les rejoindront qu'à Tschorlu. Je me procure un pain et quelques œufs que je porte à notre attaché von Stempel. Mes œufs sont cuits soigneusement et fraternellement partagés.

D'autres veulent partir avec nous, le prince Aziz qui est malade et Nureddin Bey Vlora, mon compagnon fidèle, qui arrive de l'état-major de Muhktar et qui s'est bien conduit au feu.

Le bon général m'a fait rechercher toute la journée par des patrouilles, craignant qu'il ne me fût arrivé malheur.

2 heures. — Voici les correspondants des divers journaux. Ils ont dû s'engager à demeurer sous la surveillance d'un officier turc, et à ne rien entreprendre sans son autorisation. Aussi n'ont-ils presque rien vu, ils doivent néanmoins satisfaire leurs journaux. Il y a parmi eux des personnages connus, comme le major Zwenger, von Tyszka, von Reitzenstein, Rhein, Bumiller, etc. Comme on ne sait comment les évacuer, on les charge avec nous, et les attachés militaires doivent leur faire place.

Le ministre de la Guerre est parti. Abdullah Pacha a installé son quartier général dans le village.

Les fuyards ne cessent de suivre la voie vers Tscher-keskoj. Les wagons sont surchargés. Il y a des hommes sur les toits, sur les marchepieds, sur les tampons.

Le train venant de Tschorlu avec les bagages est annoncé, mais il stoppe en avant de la gare, il nous faut faire 1^{km}5 pour chercher les bagages. Je prends part à la corvée, bien que je n'aie rien à chercher, mais j'espère qu'une boîte de conserves finira bien par tomber par terre! C'est ce qui se produit, bientôt on fait la cuisine dans tous les compartiments, chacun travaillant pour son compte. Mais tout le monde est très aimable pour moi, je reçois une bouchée à droite et à gauche : le menu, hélas, n'a rien de réconfortant pour l'estomac.

Cette réunion est bien amusante, et le voisinage ainsi que les opinions de ces représentants des grandes puissances militaires est d'un grand intérêt. Mais presque tous sont unanimes à dire que la guerre ne saurait durer longtemps maintenant et que la Turquie verra de grands changements.

Sur ces entrefaites, il est 9 heures et nous sommes toujours arrêtés en gare.

Lundi 4 novembre. — Merveilleusement dormi dans le wagon-lit. Notre machine a eu une avarie cette nuit, aussi sommes-nous encore, à 9 heures du matin, à Sinekli. Le train n'a plus que cinq voitures dont les toits sont couverts de monde.

On voit toujours de grandes bandes de fuyards. Notre marche est ralentie par la foule qui se presse sur les rails. Il n'y a plus d'eau dans le train. 10 heures, Kursali. Ici une fontaine, tous les récipients possibles sont remplis d'eau.

Enfin de nouveau un chaud rayon de soleil.

Nous roulons vers Tschataldja. La voie contourne la gauche de la position et la suit de dos sur une longueur de 8 kilomètres jusqu'à Hademkoj. Les anciens forts sont partout encore debout.

La position est du reste quasi abandonnée. Presque toutes les grosses pièces ont été dirigées sur Andrinople, d'autres ont été, espérons-le, amenées ici du

Bosphore ou des Dardanelles. On travaille fiévreusement partout à l'installation de tranchées, mais par extraordinaire on les établit sur les crêtes!

On ne devrait occuper les anciens ouvrages et les hauteurs avancées qu'avec peu de pièces, les mettre à l'abri des coups, et tromper l'ennemi en faisant des feux pendant la nuit sur les crêtes, tandis que les véritables tranchées seraient à mi-pente. On les ferait occuper par des garnisons bien pourvues de munitions et de vivres, auxquelles on ferait comprendre le danger qui résulterait pour elle d'une retraite les exposant au feu.

Dans ces conditions, il serait possible, non seulement de résister sur cette forte position longue de 25 à 3o kilomètres, mais encore de tailler des croupières aux Bulgares qui se hasarderaient à l'attaquer.

Si on ne s'était pas montré aussi pressé, et si on avait consenti à résister ici ou plus en avant sur la ligne Midia—Tschorlu, on aurait évité les pertes de ces quinze derniers jours. Mais il est temps encore de réparer les fautes commises. Wellington s'est trouvé dans une situation analogue vis-à-vis de Masséna et a su prendre l'avantage. Les Bulgares ne doivent plus guère avoir de supériorité maintenant, en raison des pertes subies.

Qui sera l'homme qui saura assumer la lourde tâche de réorganiser derrière cette position l'armée en déroute?

4 heures. — Nous sommes toujours à Bahceiskoj, à la

gauche de la position. La voie est bloquée devant nous par des trains de blessés.

4ʰ 3o. — Un mort est apporté devant notre wagon, on l'enfouit littéralement, les chiens sauront bien le déterrer avant peu !

Il est 7 heures, nous sommes toujours arrêtés. Je me décide à tenter demain de gaguer Constantinople à cheval, avec la monture d'un correspondant. En six à sept heures je serai rendu.

Mardi 5 novembre. 7 heures du matin. — Nous sommes toujours en gare, sans pouvoir démarrer. Trente-six heures, pour un trajet d'environ 5o kilomètres !

Le temps change de nouveau, la pluie recommence, il tombe tout ce qu'il peut tomber. Et, avec cela, nous manquons d'eau dans le train.

Je trouve une monture, elle ne vaut pas cher, mais tant pis. Je pars avec M. von Tysza et son fils, afin d'arriver encore dans la journée à Constantinople. Après de longues allées et venues dans un terrain détrempé — les routes portées sur les cartes ne sont que des fondrières — nous arrivons à 4 heures à l'Institut économique, à une heure de San Stephano. Pour la seconde fois mon cheval, épuisé, s'abat, mais il faut qu'il poursuive sa route. Je me rends à San Stephano, d'où un bateau me conduira à Constantinople. Le cheval restera à San Stephano où je le ferai prendre.

Croisé en route une brigade d'infanterie se rendant

à Hademkoj : elle me fait bonne impression, par l'ordre avec lequel elle marche.

Le général de division Izzet Fuad, qui avait entendu dire que j'étais à San Stephano, m'avait fait appeler pour connaître mes impressions. J'ai passé une heure bien agréable avec ce charmant homme, qui parle couramment le français. Il est connu par le livre qu'il publia, en 1907, sous le titre *L'Occasion perdue*, et qui a fait sensation. Le général a été ambassadeur et inspecteur général de la cavalerie. Il doit prendre incessamment le commandement d'un corps d'armée et est actuellement chargé de diriger sur les lignes de Tschataldja les troupes qui débarquent ici.

Mercredi 6 novembre. — Ma première visite est pour l'ambassade.

On a éprouvé ces jours-ci, en ville, une panique, causée par la crainte de massacres. L'ambassadeur d'Autriche a même fait embarquer ses nationaux.

Les représentants des puissances ont décidé de faire venir devant Constantinople les navires de guerre dont ils jugeraient la présence utile. Je trouve la ville fort calme, il n'y a rien eu ces jours-ci. On craint que la soldatesque ne vienne piller, mais cette frayeur est absurde.

Les fuyards de Kirkilissé et de Saraj sont depuis longtemps évacués sur Smyrne et les autres ports d'Asie Mineure, à moins qu'ils n'aient été reformés et expédiés de nouveau sur le théâtre des opérations.

10.000 rédifs, qui avaient rejoint Tschorlu et qu'Abdullah Pacha avait jugés impropres au service, ont été renvoyés dans leurs foyers. La division de Damas n'a pas été appelée, en raison du choléra qui règne dans cette ville.

Il y a de très nombreux blessés à Constantinople. Tous les établissements européens se sont consacrés à l'hospitalisation des victimes de la guerre et ont arboré le croissant rouge.

La grande salle de l'ambassade d'Allemagne a été transformée en ambulance, les dames, l'ambassadrice à leur tête, soignent elles-mêmes les officiers en traitement ; ces malheureux se trouvent si bien qu'ils ne veulent plus s'en aller.

Les blessures sont en général légères, les projectiles modernes ne font que traverser les corps, à moins qu'ils ne rencontrent un os ou qu'ils ne lèsent le cœur. J'ai vu des hommes dont le poumon avait été transpercé, ou qui avaient reçu plusieurs coups de feu dans la poitrine supporter allégrement le transport dans des wagons ouverts et attendre leur hospitalisation après avoir parcouru en trois ou quatre jours de nombreux kilomètres.

Beaucoup de blessés ont cependant succombé en raison de l'insuffisance des soins, du froid, des intempéries et des privations. J'ai vu des hommes panser leurs dangereuses blessures occasionnées par des éclats d'obus avec d'immondes chiffons ou des fragments d'effets, le tout ne formant plus qu'une carapace rouge-brun. Lorsqu'ils arrivaient à la gare et demandaient un médecin, on ne disposait même pas d'eau pour enlever le pansement sommaire dû à leur ingéniosité, force était de l'arracher pour en poser un meilleur.

Les évacuations par voie de fer ont cessé maintenant, la voie s'en trouve ainsi singulièrement plus libre.

On peut admettre que les Turcs ont vu se clore la première phase de la guerre, il ne paraît, en effet, pas possible qu'ils puissent reprendre l'offensive. Dans ces conditions, il peut être intéressant de rechercher les causes grâce auxquelles cette belle armée s'est trouvée anéantie avant l'heure, et à qui incombent les responsabilités d'une catastrophe jusqu'ici sans exemple.

La zone de concentration de l'armée de l'Est se trouvait beaucoup trop à l'ouest, et le front adopté était trop étendu. On aurait dû se maintenir sur les lignes de Tschataldja, tout au moins jusqu'à l'achèvement de la concentration.

Les Turcs savaient que la mobilisation d'une armée aussi nombreuse exigerait un temps considérable et, à plusieurs reprises, le ministre de la Guerre n'avait pas caché au conseil de ses collègues que l'armée n'était pas prête.

Mais la faute principale a consisté à passer à l'offensive avant que la concentration fût achevée, et l'échec de Kirkilissé n'a, à ce point de vue, pas ouvert les yeux du haut commandement.

Et pourtant Mahmud Muhktar Pacha n'avait rien négligé pour avertir Nazim Pacha. De Viza il lui avait fréquemment écrit qu'il ne croyait pas pouvoir se reporter en avant, tant que ses troupes n'auraient pas été remises en main, tant qu'elles n'auraient pas reçu les vivres et les munitions indispensables et que le service de l'arrière ne serait pas complètement organisé.

Mais on n'avait pas tenu compte de ce désir si raisonnable, et l'ordre de pousser de l'avant coûte que coûte avait été maintenu. Mahmud obéit, mais la débandade des autres corps ne devait pas tarder à l'obliger à battre en retraite à son tour, pour tenter de sauver ce qui pouvait être sauvé encore.

Le Gouvernement, qui ne pouvait ignorer qu'une guerre avec la Bulgarie se déroulerait dans la région d'Andrinople, n'avait rien fait pour augmenter le nombre des voies ferrées, pour améliorer les routes, créer des ponts. Jusqu'au dernier moment, la guerre avait paru improbable. La preuve de cette assertion réside dans le fait que les réserves avaient été libérées peu de temps avant l'ouverture des hostilités. Les effectifs étaient à ce point réduits, que de nombreux bataillons ne comptaient que 250 hommes. Lorsque la mobilisation fut ordonnée, l'adversaire avait une avance qui ne pouvait être reconquise.

On avait bien prévu les opérations de la mise sur

le pied de guerre, mais elles s'effectuèrent avec une lenteur incroyable.

Les divers services du ministère étaient désorganisés et le travail considérable qui leur incomba avant l'ouverture des hostilités vint encore accroître le désarroi.

On peut se demander si la dualité du commandement représentée par Abdullah Pacha, général en chef, et le ministre de la Guerre n'a pas été néfaste. La transmission des ordres a largement souffert de cet excès de chefs dirigeants.

La ligne des « Chemins de fer orientaux » est à voie unique avec voies de garages. Les quais étaient en nombre insuffisant. Le personnel a travaillé avec un dévouement complet, mais il ne devait pas tarder à succomber sous la fatigue. Les machines, jamais nettoyées, devenaient bientôt indisponibles. L'alimentation en eau était insuffisante, le reflux des habitants et des troupes amena un tel désordre que la ligne fut immédiatement embouteillée par les innombrables trains qui mettaient plusieurs jours à parcourir 5o ou 6o kilomètres.

La troupe, je parle des forces actives, était bonne, bien équipée et suffisamment instruite. Malgré les grandes difficultés qu'ils avaient eu à surmonter et l'insuffisance des appuis sur lesquels ils étaient en droit de compter, les instructeurs allemands avaient fait de bonne besogne.

Par suite du manque de réserves instruites, disparues dans les incessantes campagnes du Yemen, de

Tripoli, du Hauran ou d'Albanie, on avait dû appeler sous les armes des hommes manquant d'instruction, au grand détriment de la discipline.

La situation n'aurait pas été aussi grave si on avait disposé du nombre d'officiers instruits nécessaires. Mais l'armée est encore trop jeune pour contenir un noyau de véritables officiers. Ceux-ci font défaut dans les grades supérieurs qui ne sont pas encore accessibles aux jeunes officiers.

Les rédifs avaient assez bonne apparence en arrivant, mais ils étaient déjà fatigués par la longueur des transports, ils étaient mal nourris et mal administrés. Parmi eux beaucoup d'aveugles et d'estropiés. Les anciens soldats du temps d'Abdul Hamid n'avaient jamais tiré un coup de fusil !

Toute cette racaille était groupée pendant quelques jours à Constantinople, avant d'être envoyée aux opérations. Rien qu'à voir ces hordes, on ne pouvait rien augurer de bon de leur emploi.

Ces formations hétéroclites manquaient d'officiers, ceux-ci avaient été prélevés sur la classe des employés; chétifs et mal payés, ils étaient inférieurs à leur mission. Leur action sur leurs hommes était nulle, et ils ne pouvaient rien leur apprendre.

Beaucoup de ces pseudo-soldats, habitués au fusil se chargeant par la bouche, ignoraient comment faire fonctionner leur culasse. L'aptitude à la marche était nulle.

L'artillerie était bonne ; passant avec ses pièces

Krupp à tir rapide, elle faisait une impression favorable. On manquait malheureusement de chevaux de taille, ceux auxquels on avait dû recourir d'urgence étaient faibles et en mauvaise condition.

La cavalerie et les mitrailleuses étaient suffisamment nombreuses. Une division de cavalerie avait été rapidement formée et avait rendu des services dans l'exploration.

Les convois que j'ai vus paraissaient convenables, mais ils étaient trop peu nombreux, les voitures à buffles manquaient de solidité.

Rien n'avait été prévu pour assurer les ravitaillements. Il n'y avait ni cuisines roulantes, ni boulangeries de campagne. Avant tout, on devait organiser des dépôts de vivres dans la région des hostilités.

Le ravitaillement en munitions, tel que nous le comprenons, n'avait pas été assuré. Il fallait pourtant prévoir que les chemins seraient mauvais et qu'on aurait besoin de voitures solides, attelées autrement qu'avec des buffles. Les sections de munitions auraient dû avoir des chefs capables et responsables. J'ai pu constater qu'au cours de tous les combats l'artillerie a manqué de munitions qui étaient restées en arrière quelque part.

On a tiré beaucoup trop vite et dépensé ainsi prématurément les approvisionnements immédiatement disponibles, de sorte que le lendemain le ravitaillement complet ne pouvait s'effectuer.

Ce gaspillage de munitions est tout à fait inutile.

Dans les premiers engagements, l'artillerie turque n'a jamais réussi à concentrer son tir sur un objectif unique et à le détruire.

C'est dans cette ignorance qu'il faut chercher un des motifs pour lesquels l'infanterie bulgare, quoique criblée de feux, n'a jamais pu être arrêtée dans sa marche en avant.

Le second motif sera traité plus loin, quand je parlerai des mesures de sûreté et des avant-postes.

En ce qui concerne le service de santé, il n'y avait que peu de médecins, et ceux qui étaient disponibles ne savaient où trouver leur matériel. Nulle part on n'a établi de postes de pansement dans des endroits abrités, pourvus d'eau et de matériel d'évacuation. Les blessés s'en allaient vers l'arrière soutenus ou portés par deux ou quatre camarades qui affaiblissaient ainsi d'autant la ligne de feu.

Les blessés trempés et affamés, à peine pansés, devaient gagner à pied la gare la plus proche, où ils attendaient des jours entiers avant d'être ramenés à Constantinople. Le spectacle ainsi offert aux troupes se rendant aux opérations ne pouvait que les démoraliser avant l'heure.

Les communications télégraphiques et téléphoniques étaient insuffisantes.

Les deux aéroplanes cessèrent de pouvoir fonctionner dès le premier jour.

Le petit nombre d'automobiles dont on disposait ne pouvait rien faire dans ces chemins détrempés.

La télégraphie sans fil réunissait les divers quartiers généraux entre eux.

Pas de cantonnements, les villages misérables étaient abandonnés par leurs habitants qui en avaient barré les issues avec les grandes charrettes du pays. Presque toutes les localités furent canonnées et brûlées.

Presque toutes les routes auraient été considérées chez nous comme « impraticables à l'artillerie ». Pas de ponts sur les nombreux ruisseaux. Même les grandes routes, comme celle de Baba-Eski à Andrinople, étaient dans un état déplorable et sans ponts.

Tout cela pouvait être connu le 15 octobre, et, néanmoins, on n'hésita pas à aller de l'avant, alors que la saison était le plus défavorable.

Le maréchal von der Goltz avait pourtant bien recommandé de ne rien entreprendre avant que la mobilisation fût entièrement terminée. Mais les généraux turcs savaient sans doute mieux que lui ce qu'ils avaient à faire !

Les généraux, les colonels, etc., ne furent nommés qu'au moment même de la guerre et ne connaissaient ainsi ni leurs troupes ni leurs états-majors. Un général ne rallia sa division que le soir du 21 octobre, et elle allait se battre le lendemain.

Les instructeurs allemands, qui s'étaient tous mis à la disposition du Gouvernement, virent leur coopération refusée. Je commence à croire maintenant qu'on a voulu nous cacher tout ce qu'il y avait de défectueux dans l'organisation. Nous aurions cependant pu rendre des services sous le feu, et plus d'un avis utile a été ainsi perdu.

On comprend alors également la raison de la suspicion dans laquelle ont été tenus les attachés militaires et les journalistes. Il y a peut-être là également des dessous diplomatiques.

La rédaction des ordres a été très lente, leur transmission difficile et précaire. Comme la population d'origine bulgare se montrait hostile et était armée, les isolés ont été souvent tués.

L'initiative des chefs en sous-ordre ne s'est jamais manifestée au combat. Chacun se réglait sur son voisin.

Les colonnes de route n'étaient pas articulées. Les distances et les intervalles étaient trop considérables, trop d'encombrement aussi, occasionné par les animaux de bât portant des cartouches ou des bagages.

Pas de sûreté en marche, l'exploration insuffisante, cessant dès l'engagement.

Les liaisons entre les divers corps comme entre les troupes ne fonctionnaient pas ; les fronts étaient en général trop étendus.

On jugeait inutile d'installer des avant-postes ! La lutte s'engageait comme les unités se présentaient et au fur et au mesure de leur arrivée. On combattait sur place ou on battait en retraite. J'ai observé les mêmes errements chez les Bulgares, de sorte que les deux partis tombaient parfois à l'improviste les uns sur les autres, ce qui occasionnait le choc à l'arme blanche.

La manière de tirer et l'attitude de l'infanterie dans les tranchées n'ont pas été uniformes. Certains hommes se contentaient de presser la détente sans même épauler. C'est à cette raison que j'attribue les nombreuses blessures à la main gauche. La marche de l'infanterie bulgare m'a semblé infiniment plus satisfaisante.

Sur certains points, les pertes ont été de part et d'autres véritablement énormes. Elles ont été surtout dues au feu de l'artillerie. Je reviendrai plus loin sur la question.

Lorsqu'on se rend compte de tous ces défauts, on comprend comment ont pu se produire les paniques de Kirkilissé et de Viza, imputables uniquement au soldat turc et non au système d'instruction allemand!

Les véritables responsables sont ceux qui ont amené ces pauvres troupes à la bataille. Que l'on se figure l'état d'esprit de ce misérable paysan asiatique arraché à la tiédeur de son climat, qu'on a traîné pendant de longs jours sur les routes, sans assurer sa subsistance, à travers un pays qu'il ne considère pas comme sa patrie, auquel on met un fusil entre les mains sans même qu'il puisse lire les graduations de la hausse. Abandonné à lui-même, mal chaussé, nullement abrité contre les intempéries, il passera la nuit à la belle étoile et recommencera la lutte aux premières heures du jour. Il est engagé depuis une heure, les cartouches deviennent rares, le feu diminue d'intensité, et voilà les Bulgares qui s'avancent. On apporte des caisses de munitions, mais, gonflées par l'humidité, elles ne se laissent ouvrir ni avec la baïonnette ni avec les outils portatifs. L'homme songe aussi au spectacle que les blessés lui ont offert la veille, la mort et l'épouvante l'environnent de toutes parts sans qu'il ait le moyen de leur échapper. Il quitte sa place, d'autres le suivent, lentement et en rampant d'abord, puis la course s'accélère, le feu de l'ennemi la change vite en panique qui entraîne tout avec elle. Les chemins sont barrés ou transformés en abîmes sans fond, les ruisseaux coulent comme des torrents, les ponts sont emportés, les villages brûlent, et toujours le feu ennemi fauche des rangs entiers. Quoi d'étonnant alors que l'homme redescende au niveau de la brute, quand toutes les horreurs de la guerre sont déchaînées. Quiconque a assisté à un tel spectacle ne l'oubliera plus de sa vie.

Ce ne sont pas les soldats turcs qui ont perdu la bataille, mais bien les chefs responsables qui les y ont entraînés sans avoir pensé à assurer leurs besoins.

Le chiffre élevé des pertes subies en officiers subalternes — car, qui parle ici du chiffre des soldats tués? — montrera un jour que la troupe se conduisit bravement.

Les éléments qui ont lâché pied à Kirkilissé, à Lule-Burgas, à Viza et ailleurs, ne pourront jamais être considérés comme capables de reprendre l'offensive. Tout ce qu'on peut leur demander, sera de faire bonne figure dans la défensive. Les réserves de l'armée active arriveront-elles à temps? Mais, ici encore, leur rendement dépendra du fonctionnement des ravitaillements.

Les avis diffèrent beaucoup sur la situation politique. L'ambassadeur d'Allemagne prétend que, du moment que le principe d'une intervention est supprimé, les Turcs ne pourront qu'améliorer leur cause en résistant énergiquement. Cette manière de voir est également partagée par beaucoup d'officiers. Une intervention européenne aurait à s'enquérir tout d'abord, auprès des États balkaniques, des conditions auxquelles ils accepteraient de faire la paix. Leurs victoires, qui sont intangibles, ne permettent plus de compter sur le *statu quo*.

Mais ces conditions, la Turquie les acceptera-t-elle, car elles consacreraient la disparition de la Turquie d'Europe?

Je ne vois aucune raison de douter du résultat favorable que donnerait une résistance énergique sur les lignes de Tschataldja.

Jeudi 7 novembre. — Abdullah Pacha est revenu à Constantinople. On va constituer de nouveaux corps avec les anciens, leurs chefs ne sont pas encore désignés. Mahmud Muhktar est encore à Sinekli où j'irai le rejoindre demain. Il a télégraphié hier pour demander des objets que je lui apporterai. Le colonel Veit a aussi télégraphié de Tschorlu qu'il allait bien.

On ne peut se faire ici une idée exacte de ce que les

Bulgares comptent faire. Il paraît de plus en plus probable que nous n'avons jamais eu devant nous que trois divisions bulgares, c'est-à-dire la valeur de trois corps d'armée turcs. Les Bulgares doivent être fortement épuisés, car ils ne nous poursuivent pas. J'espère pouvoir me renseigner mieux, une fois sur le front.

Vendredi 8 novembre, 12ʰ30. — Nous partons, avec un long train de vivres, pour Hademkoj.

Il est arrivé tantôt encore un train de blessés venant de Tschorlu. Après son départ, les Turcs ont fait sauter le pont et détruit le réservoir d'eau. Il aurait suffi d'enlever le robinet.

On construit des quais à Hademkoj et ailleurs.

J'apprends à l'instant que le choléra règne sur le théâtre des opérations. Ce sont des troupes arabes qui l'ont apporté. Notre train est chargé de désinfectants. J'ai peur que la nouvelle ne soit exacte, un employé allemand du chemin de fer est mort à l'hôpital, d'autres sont également frappés. Il ne nous manquait plus qu'une épidémie !

On aurait réuni beaucoup de farines et de conserves, ainsi qu'un nombreux matériel de défense, madriers et fil de fer, également des munitions.

Mahmud Muhktar est à Hademkoj.

Il est environ 10ʰ 30 du soir quand nous arrivons. Mahmud Pacha m'attend et me fait raconter ce que l'on dit à Constantinople. Abdullah Pacha ne reviendra plus. Il n'y aura plus de commandement intermédiaire.

Muhktar Pacha a fait de nouvelles propositions relatives à une défense en avant de la ligne de Tschataldja.

Il compte se rendre pour vingt-quatre heures à Constantinople pour exposer son projet au ministre. Je le pousse à agir ainsi, afin qu'il puisse persuader au parti de la paix qu'il faut tenir le coup et que la résistance ne peut qu'améliorer la situation.

J'ai de mon côté déjà agi dans ce sens dans la capitale.

Je ne crois pas à l'influence nouvelle de Mahmud Schefket Pacha, l'ancien ministre de la Guerre.

On aurait fusillé un certain nombre de fuyards à Constantinople pour produire un effet moral.

Le choléra sévit malheureusement très fort. 400 hommes ont déjà été isolés; on espère enrayer l'épidémie.

Samedi 9 novembre, midi. — Les bagages sont chargés, nous partons pour le nouveau cantonnement, Jasojren. Il y a ici de nombreux cholériques à l'hôpital, ils ne sont plus transportables.

Ali Riza Pacha a été nommé commandant de la position, il reçoit l'état-major d'Abdullah Pacha.

Un officier allemand, le lieutenant Knoezer, vient de se présenter en qualité d'aviateur. Le ministre de la Guerre possède encore dix appareils français, mais ne sait si on pourra s'en servir. L'officier va chercher à recruter des pilotes et servira d'officier orienteur.

A 1 heure, rencontre de MM. von Stempel et von Lossow qui viennent d'arriver. Ils veulent parcourir la position, mais cela me paraît prématuré, car la Commission de défense n'a pas encore arrêté les emplacements définitifs des batteries. En tout cas, la nouvelle ligne de défense sera située à 4 ou 6 kilomètres à l'ouest de l'ancienne.

2ʰ 30. — Kemal Bey, chef d'état-major général, Salahaddin Bey et moi partons à cheval; je monte le beau cheval bai du Pacha. Nous suivons la grande route qui longe la ligne des anciens forts. Elle est en bon état et bien défilée par la crête jusqu'au fort Mesetepe, d'où l'on a une vue superbe sur la mer. Le terrain mamelonné et coupé de ravins est couvert de bouquets de bois. Notre aile droite est difficilement défendable en raison des nombreux angles morts qui se trouvent sur le front. Nous visiterons l'ensemble de la position demain.

Nous revenons à Jasojren à 6 heures, le village est misérable et n'a que quelques maisons. Cinq officiers d'état-major, sans me compter, logent, mangent et travaillent dans un local de 5 mètres carrés. Quoi qu'il en soit, cette pièce a du bon, elle est chauffée par les soupiraux qui donnent sur les écuries.

On ne fait plus, depuis longtemps, attention aux odeurs, et le palais, lui aussi, aura plus tard besoin d'être rééduqué.

Mais on risque à tout moment de se casser le cou et de s'estropier; quel bonheur d'avoir dans le temps appris à patiner!

Dimanche 10 novembre. — Nous partons à 7ʰ 3o pour visiter la position sans le général. Il n'y a rien de nouveau jusqu'à présent.

Je reçois un cheval prélevé sur la cavalerie. Par sa taille, on peut à peine dire que c'est un cheval, une barre de fer lui sert de mors, mais il a de bons membres, et c'est le principal.

Je m'étonne de voir encore autant d'artillerie. Le 3ᵉ corps, renforcé par le 17ᵉ, a encore vingt-deux batteries.

Il faut que je raconte ici un épisode qui montre l'énergie de Muhktar Pacha.

Lorsque la grande retraite de Viza fut entamée, on dut laisser sur place six batteries qui ne pouvaient être emmenées avec des attelages. Le lendemain, le général envoya de Saraj sur Viza de la cavalerie, deux bataillons et quatre cents buffles pour enlever les batteries littéralement ensevelies dans la vase, et sauver également les nombreux caissons. Les roues n'étaient plus que des disques de boue, on ne voyait plus les rais. L'ennemi n'avait 'pas bougé, aussi, après trente-six heures de travail acharné, les pièces étaient sauvées. Quant à nos bagages personnels, on les retrouva en partie pillés et gisant dans un ruisseau. Les batteries reçurent de nouveaux attelages à Saraj et continuèrent lentement leur retraite.

Sur les hauteurs, nous rencontrons, vers 9 heures du matin, Mahmud Pacha, jadis adjoint au chef d'état-major général. Je l'ai connu à Damas d'où il a apporté une fois le tapis sacré à La Mecque.

Vu encore Idriz Pacha, commandant la division de Songurlu, et beaucoup d'autres officiers de haut rang. Nous discutons la situation, puis gagnons le terrain en avant pour examiner la position. La chevauchée commence par la gauche à Urdzunlu. Ce village devra disparaître pour ne pas masquer le champ de tir. Les anciens ouvrages n'ont plus aucune valeur. Partout on travaille activement à créer de nombreuses tranchées-abris. Les buissons sont incendiés. La position se divise en trois secteurs, occupés à partir de la droite par les 8ᵉ, 9ᵉ et 7ᵉ divisions. Il y a 14 batteries à tir rapide, 2 d'obusiers, 3 de montagne en position, en outre 4 pièces de siège. L'installation future est portée sur le croquis.

Je pourrais comparer la position à une main montrant la direction de l'ouest. Les batteries sont échelonnées sur les phalanges, au bout des doigts sont les positions d'infanterie.

Il y a partout des éperons avancés, qui exigeront un grand nombre d'hommes pour leur défense.

Toutes nos forces sont à peu près arrivées maintenant, l'ennemi ne poursuit que lentement, il n'a fait que 3 kilomètres avant-hier.

Nous rentrons à 6 heures après être restés dix heures en selle.

Le choléra est également à Jasojren. Il y a eu soixante-dix cas aujourd'hui. L'ordonnance de Kemal Bey est mort misérablement dans notre petite maison. On l'a trouvé ce matin recroquevillé sur lui-même dans le sous-sol qui sert d'écurie. Il faut cependant rester dans la maison. Il pleut de nouveau et il n'y a pas d'autre abri. C'est à peine si nous osons manger et boire. Nous ne consommons que de l'eau bouillie. Les médicaments font défaut. Nous mangeons un pillaw (riz), après quoi je me mets au travail.

Lundi 11 novembre. — Le brouillard est tellement épais qu'on ne voit pas à 10 mètres. Cette circonstance est défavorable aux Turcs; heureusement qu'elle ne se produit qu'aujourd'hui, les Bulgares auraient eu là un fameux allié.

Je vais à cheval à Kuru Kawak où doit s'établir le grand quartier général, dans un bureau télégraphique dont les fenêtres sont absentes. A 8ʰ 3o, je vais à Hademkoj chercher Mahmud Muhktar et Nazim Pacha, le ministre de la Guerre, auquel je rends compte de la situation. Je me préoccupe également de procurer au corps d'armée, qui en manque, les médicaments et les désinfectants nécessaires. Le chemin d'Hademkoj est plein de troupes dans un désordre tel qu'on se demande comment on pourra le faire cesser.

Que de malades et de mourants! Tous sont déjà

noirs. Si la maladie s'étend, il n'y aura plus rien à faire.

Il commence à pleuvoir. Je suis avec le chef de l'état-major auquel je rends compte de la situation. Nous prendrons notre eau au lac de Derkos, dit-il !

Quelle réponse ! Elle ne peut émaner que de quelqu'un qui n'est jamais sorti et qui ne sait ce qui se passe. Le lac de Derkos est le réservoir qui alimente Constantinople. On ferait mieux de prendre des dispositions pour ne pas contaminer l'eau et nous rendre indépendants d'Hademkoj.

J'ai mangé à la station avec M. Doll, ingénieur principal, et j'ai quelques heures devant moi, puisque je dois attendre le train venant de Constantinople. J'ai donc le temps d'établir le bilan des chances qui restent aux Turcs.

Certes, la situation des Bulgares n'est pas facile, ils doivent attendre l'arrivée des renforts et éprouveront en s'avançant les mêmes difficultés que les Turcs en battant en retraite.

Eux non plus n'ont pas de chemin de fer à leur disposition. Mais ils marchent avec l'exaltation du succès.

Le moral ottoman est encore très bas. La croyance au succès n'est guère répandue.

Malheureusement, le désordre ne diminue pas vite, et le grand nombre de rouages intermédiaires ralentit la transmission des ordres.

Le pire est, je l'ai déjà dit, le choléra. Il ne fait

qu'augmenter, et ici, au dépôt principal du service de santé, on me dit que, si les médicaments sont nombreux, il n'y en a pas, en revanche, contre l'épidémie actuelle.

Comme il n'y a d'eau nulle part, que les hommes ne consomment que celle des mares, il est à présumer que leurs organismes affaiblis ne résisteront pas longtemps à l'épidémie. Mes ordonnances n'ont reçu de vivres qu'hier.

Rien n'est encore prévu pour les ravitaillements. A quoi sert de tant travailler aux tranchées, si leurs occupants doivent mourir avant d'avoir vu l'ennemi!

Les Bulgares auraient beaucoup marché aujourd'hui. Mieux vaudrait, en effet, que la lutte s'engageât bientôt, d'une manière ou d'une autre, elle amènerait la fin de la guerre. Lorsqu'une vraie bataille aura été livrée, il n'y aura plus que des débris d'armée de part et d'autre.

Le désordre à la station d'Hademkoj ne fait qu'augmenter. Je crois que Nazim Pacha ne s'en est pas rendu compte, bien que chaque jour de nombreux officiers soient venus conférer avec lui.

Vraiment, on ne peut que conseiller aux Turcs de faire la paix, ils n'arriveront qu'à sacrifier inutilement de nouvelles victimes.

Je n'ai pas vu, au cours de ces trois dernières journées, l'effort énergique indispensable si on veut acquérir la supériorité nécessaire.

Jeudi je pensais encore autrement. Si le temps reste

au beau et que les Bulgares n'attaquent pas immédiatement, les choses pourront aller mieux pour les
Turcs.

4ʰ 3o. — Je viens de faire un tour ; 2.000 soldats
affamés viennent d'arriver, on leur a donné à manger,
puis ils sont repartis pour Constantinople.

Les hommes tombent comme des mouches. Deux
cadavres gisent là en travers de la voie, je les montre
à un médecin qui jette un coup d'œil et passe. Mais un
troisième tombe à son tour, des camarades le chargent
sur leurs épaules et le portent jusqu'à un wagon à
marchandises. Que va-t-il advenir de lui ? Les affamés
sont considérés comme des cholériques, on les asperge
de chlorure de chaux, avant même de s'être assuré
qu'ils sont véritablement morts. Le liquide leur ronge
les yeux.

Je recommande le spectacle de ces horreurs à quiconque se trouve lassé de l'existence !

Mahmud Muhktar Pacha vient de télégraphier qu'il
quittait Constantinople, mais il ne pourra être ici que
vers 9 heures. Le train arrive exactement. Je prends
part au dîner du ministre de la Guerre servi dans son
wagon-salon. Le Pacha nous donne les dernières nouvelles de la capitale, où on semble pour le moment
décidé à pousser la lutte à outrance.

L'Autriche mobiliserait !

La situation paraît bonne devant Andrinople ; ce que
nous en savons réhabilite un peu l'honneur militaire
ottoman si compromis à l'heure actuelle. Tous les ren-

seignements qui me sont parvenus et qui émanent de gens ayant assisté aux opérations du siège concordent pour vanter l'attitude des troupes, qui se battent bravement. Je communique à Muhktar Pacha le croquis que j'ai fait de la position de Tschataldja, et lui expose longuement la situation. Nous irons demain matin à cheval visiter les lignes.

Mardi 12 novembre. — Nous devions nous mettre en route de bonne heure, mais le départ n'a lieu qu'à 9ʰ 3o.

J'appelle l'attention de Muhktar Pacha sur le désordre qui règne à la gare. Il réunit les officiers présents et leur donne de longues instructions. Les approvisionnements qui gisent épars et se gâtent devront être rassemblés et nous être envoyés, ils seront les bienvenus. L'auto chargée de médicaments et d'un médecin se met en route.

Sur une hauteur, on creuse en ce moment une vaste fosse commune. Des soldats en tenue de corvée amènent sans cesse des morts sur des civières, et les déversent dans la fosse béante. Qui saura jamais quels morts anonymes reposent ici pour l'éternité !

Le soleil brille, un vent violent, écartant les nuages, nous permet d'échapper à la pluie.

Nous continuons sur Jasojren. Là encore, le spectacle est le même, partout des malades et des morts. Le chemin est encombré de chevaux morts. Kuru Kawak fourmille de troupes qui s'installent au bivouac dans un ordre relatif. L'alignement correct des tentes et la régularité avec laquelle les compagnies se présentent à l'appel donnent au tableau un aspect enfin militaire.

Dans la petite cabane télégraphique, fortement endommagée par l'ouragan, nous trouvons Ali Riza Pacha, le commandant de la position, avec lequel le général entame un long entretien.

Le quartier général ne peut être installé ici, il faut aller à Bojalick, où les bagages sont envoyés. Quant à nous, nous nous dirigeons sur le fort Eivatli.

On travaille fiévreusement de toutes parts à la mise en état de défense, à laquelle prennent part également des travailleurs requis. Le terrain en avant est débarrassé de tous les obstacles pouvant gêner le tir ou la vue. Cette précaution était surtout utile à la droite, qui est très boisée. On creuse des abris, quatre pièces de gros calibre sont installées à couvert au centre de la position. On détermine les distances et on les repère. Les munitions sont largement prévues partout.

Les troupes sont installées dans des camps bien dissimulés dans les vallées en arrière de la crête de défense. Certains régiments sont bien approvisionnés, mais il n'en est pas de même ailleurs. Quelle chance pour les Turcs qu'on leur ait ainsi laissé du temps devant eux !

Les routes qui donnent accès à la position sont en bon état. Les troupes destinées à former les réserves sont arrivées aujourd'hui.

Les divers ouvrages sont reliés téléphoniquement au

quartier général. Les avant-postes ont été poussés jusqu'à la ligne Tarsa—Kalsakjoj—Akalan.

Mahmud Pacha, le chef du grand Etat-major, qui avait remplacé Mahmud Muhktar pendant son absence de deux jours, a pris le commandement d'un corps de réserve.

La position occupée par la 7e division s'étend jusqu'à 800 mètres au nord d'Urdzunlu, où elle forme crochet défensif. De ce village, qui doit être démoli, part une vallée large de 2 kilomètres et qui court vers l'est. Elle ne peut être battue que par des feux de flanc des 3e et 2e corps.

On a installé sur la hauteur deux bonnes batteries de six obusiers.

Les ouvrages d'infanterie s'étendent jusqu'au fort Asim Pacha et forment, en général, deux étages de feux. La crête en arrière du fort est garnie de six batteries à tir rapide.

La 9e division a sa position principale au nord du fort Eivatli. Les tranchées, dont les flancs sont bien appuyés, ont un excellent champ de tir. Les positions d'artillerie — six batteries — se trouvent à 500 mètres plus à l'est, sur le chemin de Tschanaktscha à Lazarkoj.

Le travail est moins avancé à la 8e division, dont le champ de tir n'est pas assuré encore. On a dissimulé trois batteries de montagne à l'extrême droite, couverte par le lac de Derkos.

Vers 2 heures, le fort Eivatli ouvre le feu sur de l'infanterie ennemie. Les Bulgares ne répondent pas.

Nous n'arrivons que tard à Bojalik. Un bon dîner nous réunit autour d'une table et d'un bon feu.

Nous sommes installés dans une propre maisonnette de paysans, avec deux chambres parquetées au premier étage. Un local voisin sert de bureau, je pourrai donc tenir plus commodément mon carnet de route, car il est probable que nous resterons longtemps ici.

Je suis de plus en plus convaincu que l'ennemi va se retrancher également sur les bonnes positions dont il peut disposer entre Tarsa et Tschataldja. Une fois installé, ou bien il attendra l'arrivée de pièces de siège qui lui permettront de bombarder les positions turques, ou bien il ne laissera sur place que de faibles forces en portant son gros dans une autre direction. Nous allons donc être assiégés, tandis que la décision interviendra quelque part plus à l'ouest. Rien ne pourrait être plus agréable aux Turcs que d'être attaqués ici !

Pour la troisième fois, les Bulgares ont commis là grande faute de ne pas poursuivre l'épée dans les reins et de laisser aux Turcs le temps de se refaire. Nous n'avons pu savoir si cet arrêt dans les opérations est dû au manque de cavalerie, empêchant les Bulgares d'être exactement renseignés, ou s'il a pour cause les pertes subies et les difficultés de ravitaillement.

Quoi qu'il en soit, il n'y a encore aujourd'hui, 14 novembre, que des forces insignifiantes devant notre centre. On a signalé deux colonnes de trois à quatre bataillons marchant de Tarsa sur Lazarkoj et Dag—Jenidzekoj, et nos renseignements ne vont pas plus loin.

Il y a deux batteries bulgares sur les croupes de l'est de Tarsa. On a vu une colonne avec de l'artillerie marchant d'Akalan sur Kestanlik. Un régiment bulgare se retranche en ce moment sur la ligne Indzegiz—Tschataldja, un autre plus à l'est, entre Tschataldja et Lahonat.

Il est fâcheux que le plan proposé par Mahmud Muhktar n'ait pas été adopté : il voulait s'arrêter sur la ligne de hauteurs à l'ouest de Tschataldja. En les abandonnant, on a permis à l'adversaire d'occuper d'excellentes positions.

Le général avait proposé de tenir sur le front : hauteurs ouest de Tschataldja—Indzegiz—cote 327 de Cakil. Dans cette situation, on aurait pu disposer de l'appui de la flotte à l'aile gauche. L'ennemi n'aurait pu attaquer que par deux directions et il lui aurait fallu deux fois plus de forces pour attaquer la position.

Une fois les Bulgares fixés devant ce front, il était possible aux Turcs de déboucher au nord-est avec le gros de leurs forces et d'agir offensivement sur le flanc adverse. Ce plan avait l'avantage de nous laisser une zone de manœuvre plus large, et aurait eu, en outre, pour effet de raffermir le moral en diminuant l'amplitude de la retraite.

Muhktar estimait que les troupes rejetées en désordre de la ligne Lule-Burgas—Viza pouvaient être reformées sur la position qu'il préconisait, et où il n'était pas difficile de leur faire parvenir des renforts. Personne n'a voulu partager |sa manière de voir, qui était pourtant la bonne.

Nos pertes par suite du choléra et du typhus sont effrayantes. Au cours d'une promenade à cheval d'une heure, j'ai compté soixante-cinq morts ou mourants.

Mercredi 13 novembre. — Après dîner, le général et Kemal Bey, qui parle fort bien l'allemand, ont eu avec moi un long entretien au cours duquel nous avons traité toutes les questions concernant la défense.

Nous avons ensuite merveilleusement dormi, sans songer à la tempête qui a cessé ce matin ; le soleil brille de nouveau.

Aucun renseignement sur l'ennemi. On aurait pourtant bien dû chercher à savoir ce qu'il est devenu.

Il vient d'arriver un ancien officier bavarois, le lieutenant comte Preysing, muni d'une lettre de recommandation du maréchal von der Golz. Cet officier est monté et me prie de le faire affecter à un service de reconnaissance en lui adjoignant un personnel convenable. J'espère réussir, car cette collaboration ne pouvait arriver plus à propos. Je crois que cet officier est tout à fait l'homme qu'il nous faut, malgré les difficultés qu'il rencontrera en raison de son ignorance de la langue turque.

J'entends dire qu'un autre ancien officier allemand,

le major Lehman, serait arrivé à l'état-major d'Ali Riza
Pacha. Lui aussi pourra nous rendre service.

11ʰ3o. — Muhktar n'est pas encore sorti, on travaille fiévreusement à l'état-major. On vient de recevoir trente-six officiers nouvellement nommés. A côté
des vieux pompons des rédifs, ils font très bonne
impression.

Je trouve l'occasion d'exposer au général les désirs
de Preysing, qui obtiendra ultérieurement satisfaction.
Moi-même, je ne sortirai pas aujourd'hui, afin de laisser
reposer mon cheval; qui sait ce que demain nous
réserve. Je suis resté hier neuf heures en selle, et
j'ai à travailler. La nouvelle installation téléphonique
fonctionne. Nous venons de recevoir deux escadrons
de cavalerie. Quelques jours de repos leur feront du
bien, les cavaliers turcs ne savent pas ménager les
chevaux comme les nôtres.

Le Pacha est sorti à cheval avec quelques officiers
et le comte Preysing. J'ai tout facilité à ce dernier.
2 heures : on entend le canon dont le vent nous apporte
l'écho. J'allais faire seller mon cheval, et n'ai pas à
regretter de ne pas l'avoir fait, car il ne s'agissait que
de repérer certaines distances.

Nous sommes actuellement reliés par Kuru Kawak
avec tous les forts, mais il n'arrive toujours pas de
renseignements sur l'ennemi.

Le général rentre à 6 heures. Il a corrigé de sa
main un médecin-major et plusieurs fuyards; ces
volées de coups de cravache s'imposaient et ont eu

l'assentiment de Preysing qu'on n'a pas découplé encore.

Je viens d'avoir un long entretien avec le Pacha, il n'est pas partisan de notre position : elle est, dit-il, trop découpée, trop étendue et trop peu profonde. Les batteries sont trop près des tranchées, elles sont exposées au feu concentrique de l'assaillant.

L'ennemi s'est retranché sur les hauteurs sud-est de Tarsa, il a ouvert le feu ce soir, mais tous ses coups étaient trop courts. Le Pacha voudrait voir la flotte prendre ces batteries en flanc.

On modifiera demain nos emplacements d'artillerie.

Après dîner, longue conversation au clair de lune sur l'Allemagne.

Jeudi 14 novembre. — Soleil radieux. Nous montons à cheval à 9 heures. Les commandants de division ne sont pas d'accord sur les emplacements à affecter à l'artillerie. Il a dû y avoir des atteintes à la discipline, car Muhktar est de mauvaise humeur et paraît disposé à intervenir énergiquement.

Mon cheval a disparu, impossible de mettre la main sur mon ordonnance. Je finis cependant par le retrouver. J'emporte mon appareil, peut-être aurai-je l'occasion de prendre quelques bons clichés. Il a plu presque tout le temps jusqu'à présent.

Je rencontre le major Lehman, affecté à l'état-major d'Ali Riza Pacha. Ce dernier a été frappé du choléra et a dû être évacué sur Constantinople. Ce changement dans le commandement est très préjudiciable.

Un officier, venu du grand quartier général d'Hademkoj en automobile, me communique tout ce que l'on sait de l'ennemi.

Tout le terrain compris entre la mer de Marmara et Surgunkoj serait inoccupé par l'ennemi. Un régiment se retranche sur les hauteurs, de Lahonat, à l'est, jusqu'à Tschataldja. Il y a dans ce secteur trois batteries. D'autres retranchements ont été établis par un autre régiment entre Tschataldja et Indzegiz. On a vu une colonne avec deux batteries se porter d'Akalan sur Kestanelik. J'avais déjà repéré les deux colonnes.

Nous nous rendons à cheval à l'extrême droite. La difficulté du terrain obligera à des mesures spéciales si on veut éviter une défaite.

Cette fois-ci encore, le Pacha est obligé de faire usage de sa cravache, il frappe même au visage un officier supérieur d'artillerie.

Preysing partira enfin à 1ʰ30 en reconnaissance sur Kureldere—Tarsa avec six cavaliers. Il ralliera une patrouille de cavalerie que nous voyons marcher en bas dans la vallée et on lui adjoint un officier parlant bien l'allemand, qui se présente de bonne volonté. Nous gagnons ensuite en auto l'extrême gauche pour examiner les emplacements de batteries et faire les changements nécessaires. Le retour au quartier général n'a lieu qu'à la nuit tombante.

Vendredi 15 novembre. — Comme il n'y aura vraisemblablement pas d'engagement aujourd'hui, je vais faire le tour de la position, afin d'en reconnaître tous les détails ; j'irai ensuite aux nouvelles au grand quartier général.

Je monte à cheval à 7ʰ 3o avec mon ordonnance. Comme je n'ai pu encore faire referrer mon cheval, j'en monte un autre.

La situation du 2ᵉ corps est la suivante :

La droite se trouve à Gazibajir. Il y a de nombreux camps dans les ravins est de Urdzunlu et de Tudzirtepe. Un excellent emplacement pour trois batteries a été creusé sur la croupe de Karakal Nokta, devenu maintenant le fort Harbie. Sur les pentes, tranchées pour trois bataillons.

Une brigade de cavalerie avec deux batteries a eu, vers 9ʰ 45, près du village d'Ezetin un combat de feux avec les Bulgares.

Je me rendis de ce côté, mais comme le feu continuait sans amener de décision, je ne pouvais attendre davantage. Les chevaux étaient bien abrités et les tirailleurs marchaient en ordre. L'artillerie avait pris position sur le flanc.

Il y a encore des tranchées au sud du village de Nakkaskoj, le long du chemin conduisant à Mahmoud Pacha. Cette vallée est battue par deux batteries et une de réserve, installées près du vieux fort Mahmudje. Les pentes sont également occupées par des tranchées d'infanterie.

La ligne de défense court ensuite vers le sud-est, épousant la longue crête du fort Hamidje. Il y a de ce côté trois batteries, l'une au nord, les deux autres, des obusiers, au sud de l'ouvrage.

On ne sait pas grand'chose au 2ᵉ corps de l'ennemi. On a observé, le 14, la marche d'une colonne se dirigeant près de Tschataldja sur la station.

Je rencontre le nouveau commandant du 3ᵉ corps de réserve, Izzet Fuad Pacha, le même qui m'avait reçu à San Stephano. Ce corps se forme à Sazli Borna et doit occuper avec le 2ᵉ corps de réserve la ligne à l'est de Kuru Kawak—Tursunkoj ainsi que les croupes est d'Hademkoj et qui s'étendent jusqu'à Omarli.

L'état sanitaire ne fait qu'empirer. J'ai vu quantité de malades sur les derrières du 2ᵉ corps, la situation paraît moins mauvaise en première ligne. Mais il y a des centaines de morts à Hademkoj qu'on ne songe pas à enterrer. Il y a un homme malade sur deux. Qui se chargera d'évacuer tout cela! La situation est pire encore à Sparta Kule. Les malades ont pris d'assaut les quelques voitures disponibles, ils sont entassés partout, même sur les toits. Le matériel de santé est insuffisant.

Je crains que la rupture de la ligne de communications ne soit le signal de la débâcle finale. Tout l'effort fourni en ces derniers temps sera devenu inutile; il n'y a rien à faire contre cette épidémie. Les vivres manquent toujours.

Le ministre de la Guerre s'est installé à 3 kilomètres d'ici avec son wagon-salon, sa présence ici n'était plus possible.

Plusieurs instructeurs allemands sont signalés dans le voisinage. Muhktar Pacha a demandé qu'on lui affecte le lieutenant-colonel von Lossow comme commandant de régiment. J'ai immédiatement télégraphié dans ce sens à l'ambassade. Le major Lehman est affecté à l'état-major du génie. Le colonel Bobb et le lieutenant-colonel von Register étaient hier à Derkos, mais ils ne sont pas encore pourvus d'emplois.

Le temps est heureusement meilleur, les nuits sont froides. Je reviens à 2 heures à Bojalik, pour rendre compte à Muhktar Pacha, heureux de fuir ce charnier.

Nous recevons de Constantinople force nouvelles sensationnelles, mais que faut-il en croire ? On parle d'armistice, l'épidémie se serait étendue également chez l'ennemi.

Le train spécial du ministre de la Guerre est arrêté à la croisée de la route de Jasojren avec la voie ferrée. Je me présente, et suis reçu par Pertef Pacha, chef du grand État-major, que je mets au courant de la situation. En échange, le Pacha porte sur ma carte ce que l'on sait actuellement de l'ennemi.

On me dit que notre flotte, embossée dans la mer de Marmara, a détruit une batterie ennemie installée au nord d'Erekli et d'Arnautkioj.

Il est certain que les Bulgares se retranchent et font venir des pièces de gros calibre.

Je prends la liberté de proposer qu'on organise une nouvelle ligne d'étapes qui permettrait d'isoler complètement Hademkoj, et je demande l'envoi d'un nouveau régiment de cavalerie.

On paraît avoir écouté favorablement ma première proposition, mais quand sera-t-elle adoptée? J'espère qu'elle le sera, sans en être bien certain.

Mon retour est attristé par la vue de tous ces morts et mourants. Je reviens avec Muhktar Pacha qui est allé à Eivakli, et dans la soirée, lui, Kemal Bey et moi conférons longuement.

La ligne d'étapes est installée, elle part de Derkos et se continue sur la capitale par mer, à l'aide d'allèges et de remorqueurs. Salahaddin Bey a reconnu à Derkos l'existence d'une caserne et d'autres grands bâtiments qui pourront servir de magasins.

Le comte Preysing est revenu, il me donne une narration complète de son expédition qui a été très utile. Il me permet de la reproduire ci-dessous.

« Le 14 novembre, dans l'après-midi, Mahmud Pacha qui inspectait les batteries de montagne à la droite près du lac de Derkos, vit une patrouille de cavalerie qui opérait sur la rive nord du lac, marchant par la cote 200 sur Tarsa.

« On admit que ces cavaliers étaient à nous, et comme je devais justement me rendre en reconnaissance à Tarsa pour y repérer la gauche ennemie que l'on supposait dans cette direction, le Pacha, sur la demande réitérée du major von Hochwæchter, m'autorisa à rejoindre cette patrouille et à en prendre le commandement.

« On mit à ma disposition un lieutenant turc, Ahmed Midhat Bey, parlant admirablement l'allemand et qui devait me servir d'interprète.

« Nous voilà donc en route sur nos petits chevaux grimpant comme des chats, et nous arrivons au chemin renforcé de fascines qui traverse le marais.

« Il fallut un certain temps pour arriver au chemin, il en fallut davantage encore pour franchir l'obstacle, la digue étant interrompue tous les 30 pas environ. Malgré leur adresse, les petits chevaux turcs n'en sortaient pas. Lorsque nous fûmes de l'autre côté, la patrouille avait disparu. Suivant ses traces, nous allions malheureusement tout droit vers l'ennemi.

« Au bout d'une demi-heure, on pouvait apercevoir la position bulgare. Tout autour de nous, le terrain était couvert de buissons serrés et d'épines touffues, le chemin n'a guère que 1 mètre à 2 mètres de large. Malgré les pistes tracées de droite ou de gauche par le bétail, le terrain est tout à fait impraticable aux cavaliers.

« Je me retournai vers mon compagnon pour lui communiquer mes réflexions, quand il me dit « Voilà « de l'infanterie. » En même temps quelques coups de feu partaient à 20 pas devant nous.

« Nous avions évidemment suivi une patrouille ennemie qui nous avait amenés devant une sentinelle bulgare.

« Nous fîmes demi-tour, pour nous engager dans un fourré. On nous tira encore quelques coups de feu qui ne portèrent pas, mais, par contre, au bout de 5o pas nous étions arrêtés par les épines.

« Je me trouvai tout à coup la tête en bas, le visage ensanglanté, le pied gauche engagé dans l'étrier. Kemir, mon fidèle alezan, s'était trouvé coincé dans une fourche de bois et n'en pouvait plus sortir, heureusement pour moi. Malgré la gravité de la situation, nous ne pouvions nous empêcher de rire !

« Les Bulgares ne semblaient pas nous avoir suivis. Mettant pied à terre, nous décidâmes de continuer l'expédition à pied. Les chevaux furent attachés à un arbre, et nous voilà partis à travers les fourrés. La forêt de Standja n'est décidément pas impraticable à une troupe à pied.

« Après plusieurs kilomètres, nous arrivions dans une clairière d'où il fut possible de voir que les hauteurs s'étendant devant nous vers Tarsa n'étaient occupées que par quelques avant-postes ennemis.

« Vers le soir, je trouvai une sentinelle qui ne m'avait pas vu, assise au bord du chemin. Comme je ne pouvais l'éviter, je la tuai ; au coup de feu répondirent des voix, et on se mit à notre poursuite. Sur ces entrefaites, je perdis mon compagnon.

« Comme il m'était impossible de revenir à cheval à travers les lignes turques sans risquer d'être tué, je dus passer toute la nuit à côté des chevaux dont je pus retrouver l'emplacement en me guidant sur les étoiles.

« Aux premières lueurs du jour, je revins vers la digue, mais de toutes les tranchées on ouvrit aussitôt le feu sur moi.

« Les nôtres font décidément bonne garde. J'agitai mon kalpak, en criant aussi fort que je pouvais, mais ce ne fut qu'à 3oo mètres de la ligne, quand je fus au milieu de la digue, qu'on me reconnut comme « Alleman ». Je ne pus faire parvenir mes renseignements qu'à 7 heures du soir, car Mahmud Muhktar était dehors et personne ne me comprenait. »

Cette reconnaissance avait une grande importance, car le général avait depuis longtemps l'intention de déboucher de la région du lac de Derkos pour porter l'offensive vers l'ennemi.

Cette mission devait incomber au colonel von Lossow. Il était donc très utile de savoir quelle était la situation des forces ennemies aux abords du lac, et comment le terrain se présentait de ce côté.

Le général ordonna d'améliorer la digue, d'élargir le chemin et de porter au delà de l'obstacle un fort détachement.

Samedi 16 novembre. — Le souvenir de l'affreux spectacle des jours passés m'a empêché de dormir. J'en ai vu plus que mes nerfs n'en peuvent supporter !

Il y a, à l'entrée d'Hademkoj, à droite de la route, un grand champ avec quelques maisons. Elles avaient servi d'hôpital, mais depuis longtemps on avait dû renoncer à les occuper. Les corvées chargées d'enterrer

les morts avaient aligné les cadavres dans le champ,
puis on les avait déversés en tas à pleines charrettes.
De cet amoncellement hideux on voyait poindre des
membres raidis. D'autres malades étaient tombés sur
le chemin conduisant à l'hôpital.

De l'autre côté du chemin, des hommes vêtus de
blanc creusent de vastes fosses, dans lesquelles on jette
à la hâte, non les morts provenant du charnier d'en
face, mais d'autres que de longues files de voitures ne
cessent d'apporter.

C'est à peine si on peut circuler aux abords de la
station. Des milliers d'hommes, émaciés, hagards et
chancelants se ruent vers les deux longs trains dont ils
essaient d'escalader les wagons.

Sur les toits, il y a déjà des morts, dont les membres
pendent lamentablement. D'autres gisent sur les voies.
Comment conserver sa santé dans un pareil milieu ! On
ne voit presque pas d'officiers ou de médecins, eux
aussi ont dû payer leur tribut.

Une maison qui, il y a quatre jours, servait de cercle
à l'état-major, abrite aujourd'hui des officiers gravement atteints.

La plaine retentit de gémissements, partout des
chiens errants et des vols de corbeaux se battant autour
de leur proie ! L'air est empesté, la région n'est plus
qu'un gigantesque cimetière ! Jamais je ne pourrai ou-
blier ces scènes d'épouvante et d'horreur !

Le beau temps d'aujourd'hui nous fera du bien. Nous
sortons à cheval à 7ʰ 30. Je veux examiner les nou-

velles positions d'artillerie et faire ensuite un croquis d'ensemble.

Preysing ira de nouveau en reconnaissance ce soir sur la droite. Il aura à établir si Dzelebkoj est ou non occupé par l'ennemi; la brigade de cavalerie d'Ibrahim Pacha, que nous attendons demain, fera ensuite un effort dans cette direction.

On dit que Ali Riza Pacha est gravement malade du choléra, et que Jevad Bey, malade également, a dû rentrer à Constantinople.

Au fort d'Ouschak, le divisionnaire qui y commande félicite Preysing de son exploit, et lui annonce qu'il l'a cité à l'ordre du jour. D'autres officiers se sont en conséquence offerts pour des missions analogues. Le lieutenant Ahmed Midhat est également revenu.

Je constate avec plaisir que partout l'esprit paraît meilleur, sur certains points même, on a accompli des travaux surhumains.

Je rentre à 3ʰ 30 et dessine jusqu'au dîner. Notre existence matérielle est bien assurée maintenant, le cuisinier de Muhktar Pacha s'entend à faire de la bonne cuisine avec peu de chose, et tous nous recevons des suppléments de la capitale.

Un de mes vieux camarades, M. von Haas, m'a envoyé une grande caisse d'eau minérale. Le menu de ce soir comportait des côtelettes de mouton, des haricots, des « courges farcis » (*sic* [*N. d. T.*]), du pilaff et de la compote de poires.

Le lieutenant-colonel von Lossow arrive demain.

Nous irons dimanche à Derkos pour examiner la nouvelle ligne d'étapes. Ordre a été donné à la flotte de croiser dans la baie de Derkos et d'intervenir si elle en trouve l'occasion.

Dimanche 17 novembre. — Une furieuse canonnade nous réveille au point du jour.

On dit que trois villages ont été détruits : Urdzunlu, Kestenlik et Dagjenidzekoj. L'écho répète longuement l'incessant vacarme du canon. Le Pacha prétend que ce sont les pièces de marine qui tirent. Je n'ai jamais entendu pareil tapage.

Voilà une heure que le canon tonne. Ne va-t-il pas s'engager une lutte générale d'artillerie ? Des renseignements sont demandés par téléphone au fort Beeker.

Muhktar Pacha voulait aller à Derkos pour voir lui-même la ligne d'étapes, mais, en présence de la situation, il se décide à se porter en toute hâte sur Kuru Kawak. Le feu s'est étendu à toute la ligne.

Nous sommes à 8 heures à Kuru Kawak, du haut du fort on domine l'ensemble de la position. Les villages en flammes, les nuages de fumée produits par l'éclatement des shrapnels, les montagnes de boue soulevées par les projectiles des obusiers forment un tableau qui ne s'effacera pas de ma mémoire.

Loin en mer se tiennent les trois cuirassés qui prennent part à l'action. Le centre de gravité de la bataille est en face du fort Beeker, à la droite du 2ᵉ corps.

Les Bulgares, qui avaient une division à Ezetin,

n'avaient pas tardé à éprouver des pertes considérables. Ils avaient tenté de porter leur infanterie en avant mais avaient été durement refoulés.

Pertef Pacha arrive à 8ʰ 15 en auto. Il apporte de bonnes nouvelles : on tient bon sur toute la ligne. Muhktar a fait téléphoner dans les différentes directions afin de se renseigner sur la marche du combat avant de se porter en avant.

Le feu des Bulgares se concentre sur la région médiane de notre position. Mais Muhktar avait fait porter les batteries en arrière et n'avait laissé sur les anciens emplacements que des simulacres.

Il est évident que nos nombreuses batteries doivent arrêter l'élan de l'adversaire.

Nos tentes sont malheureusement trop peu dissimulées, elles constituent un excellent objectif, de nombreux obus éclatent dans leur voisinage.

Muhktar veut essayer une offensive par sa droite, il me dicte un très long ordre pour Lossow qu'on lui portera à Derkos. Lossow aura à prendre le commandement d'un régiment. Il est probable qu'il est déjà rendu à pied d'œuvre.

Hier, le major Lehman et le lieutenant Jahnow avaient été affectés à l'état-major de Muhktar, ils sont aujourd'hui avec nous.

Le combat d'artillerie semble se calmer un peu. Nous nous portons en avant.

Il avait plu toute la matinée, mais le temps se lève un peu.

Vers 11 heures, le premier blessé sort de la tranchée pour gagner le poste de pansement. Le duel d'artillerie reprend. A midi, nous sommes parvenus au fort Eivatli. Les shrapnels éclatent en foule autour de nous, d'autres sifflent au-dessus de nos têtes. Comme toujours, le général ne semble pas s'en préoccuper. Un obus éclate à dix pas devant nous, le major Lehman ramasse un éclat encore chaud. Le Pacha se tourne vers moi en riant et me demande si mon cliché sera bon. Nous demeurons ainsi environ une demi-heure exposés au feu le plus vif, puis nous nous dirigeons vers l'ouvrage le plus avancé.

A la croisée de chemins, rencontre avec Lossow, il apporte la triste nouvelle qu'Ali Riza est mort, que Jewad Bey est très malade et dit qu'on parle d'un armistice. Le Pacha lui donne ses ordres, et, tout joyeux de cette honorable mission, Lossow gagne rapidement Derkos.

Un renseignement émanant du 2e corps fait connaître que l'ennemi se retire derrière Urdzunlu. Toutes ses attaques d'infanterie ont été repoussées. Les Bulgares n'ont pas réussi à franchir en colonnes le terrain découvert, leurs rangs ont été fauchés comme des épis. Les pertes doivent être énormes.

2h 30. — On annonce l'entrée en ligne de renforts, c'est la division d'Erzeroum.

2h 45. — Le général prescrit un mouvement offensif par notre droite, qui sera exécuté par ces troupes fraîches. Au centre, l'ennemi tient toujours ferme ; seul, le feu d'artillerie a perdu un peu d'intensité. Le général se rend à 3 heures à l'extrême droite, ne prenant avec lui qu'un officier d'état-major.

Nous restons sur notre position d'artillerie. Le passage des obus au-dessus de nos têtes est incessant. Les éclatements sont en général trop hauts. Il y a de longs temps d'arrêt dans le tir de l'adversaire. Par contre, le tir des Turcs semble bien réglé; les hauteurs d'éclatement sont bonnes. Ce n'est pas aujourd'hui que la presse étrangère pourra médire du matériel Krupp.

3ʰ 3o. — Un obus tue à côté de nous 2 hommes et 6 chevaux. L'un de nous ramasse une fusée débouchée à 5.65o mètres.

Le général prêche partout d'exemple, son attitude ranime tous les courages.

Les renforts arrivent et se forment à l'abri derrière la crête occupée par l'artillerie. Ces troupes ont bel aspect.

3ʰ 45. — Le général revient et harangue éloquemment les troupes qui l'accueillent avec enthousiasme. Elles sont commandées par Kemal Pacha.

4ʰ 45. — L'ennemi recule sur ses deux ailes.

La nuit arrive. La lutte d'artillerie reprend avec vigueur.

Notre artillerie n'a presque pas subi de pertes. On n'a pas manqué de munitions. A 5 heures, nous regagnons nos tentes qui ont été dressées en arrière des batteries. Nous n'avons que nos lits de camp et une nourriture sommaire. Je partage la tente du général et de Kemal Pacha.

L'affaire doit reprendre demain à 5 heures. Longuement, avant de nous coucher, nous envisageons la situation.

Au cours de la nuit, des officiers d'état-major ont apporté de bonnes nouvelles des différents forts où ils ont été envoyés.

Nos pertes sont faibles; seule, une batterie de montagne a beaucoup souffert.

L'ennemi a abandonné quatre batteries, mais elles sont à 5 kilomètres d'ici. Muhktar donne l'ordre à un bataillon de se porter immédiatement en avant pour aller les chercher. Tout va donc bien.

Le général a félicité pour sa belle conduite l'officier d'artillerie qu'il a cravaché hier!

J'ai relevé de superbes exemples de sang-froid et de courage, on ne pourrait croire que ce sont les mêmes troupes qui ont fui dans les affaires précédentes. Le beau temps, la bonne nourriture et un meilleur commandement ont beaucoup contribué à améliorer la situation. Les officiers ont maintenant leur monde en main.

C'est une grande bataille qui a été livrée, et les troupes paraissent animées d'un esprit tout nouveau. La lutte d'artillerie a, par son amplitude, dépassé tout ce qu'on a vu jusqu'à présent. Les Turcs peuvent à juste titre être fiers. Je ne crois pas que les Bulgares reprennent bien énergiquement leur attaque demain.

Ils ont cru sans doute pouvoir enlever la position à la course ; s'il n'en est pas ainsi, pourquoi ces attaques isolées à la baïonnette ? Ils se sont ainsi fortement affaiblis, tandis que de notre côté des troupes fraîches et excellentes entraient en ligne.

Le major Lehman et moi avons encore une fois supplié le général de ne pas s'exposer autant et de se conserver pour ses troupes. Il a répondu : « Je suis certain de ne pas être touché. » Que n'ai-je pu lui faire retirer cette phrase !

Pas de nouvelles du comte Preysing. Plus tard, il m'écrivit en ces termes pour me raconter son odyssée :

« Le 16 novembre, l'ennemi n'avait encore rien entrepris d'important et, d'autre part, on pouvait voir à la jumelle qu'on travaillait activement sur les hauteurs de Djebeljoj. En conséquence, j'avais été envoyé en reconnaissance avec 10 fantassins.

« La ferme de Kurelderek, située en avant du front, avait été occupée par 100 Tscherkesses et environ 120 fantassins.

« C'est de là que je partis vers 7ʰ30 du soir, mais cette fois, instruit par l'expérience, j'avais laissé mon cheval aux Tscherkesses.

« Je ne devais pas tarder à apprendre de quelle valeur est le soldat turc quand il est bien commandé.

« En raison de la difficulté de suivre les chemins dans cette nuit nuageuse, et comme certains d'entre eux devaient être évités, j'avais pris le parti de marcher droit à travers le bois. Aucune trace de l'ennemi n'avait été reconnue entre Tarsa et Jebelkoj. Aucun bruit venant de Tarsa ne pouvait laisser supposer qu'on se préparait de ce côté à la lutte. J'arrêtais mon détachement près de Jebelkoj, sur un point favorable dans le bois, afin d'attendre le jour.

« J'avais l'intention de porter ma reconnaissance sur le flanc gauche que j'admettais devoir être à l'ouest de Tarsa, car les coups de feu que j'entendais depuis un moment dans la direction de Kureldere, et qui devaient être la conséquence de l'occupation de la ferme, étaient petit à petit devenus plus nombreux.

« Tout à coup, comme mes hommes me montraient des postes de partisans qui se retiraient sur Jebelkoj, croyant être coupés par nous, toutes les batteries ennemies ouvrirent le feu, la bataille de Tschataldja était commencée.

« Dans ces conditions, il me parut que je n'avais plus rien à reconnaître, la retraite même nous était fermée.

« Nous étions arrivés au lac de Derkos, où un spectacle inoubliable s'offrit à mes yeux : la ferme de Kurelderek était en flammes, des centaines d'obus bulgares tombaient dans le lac, et à la lueur de l'incendie je voyais les Tscherkesses et les Turcs lutter désespérément contre des forces cinq fois supérieures. 35 de ces héros restèrent sur place. Mon pauvre cheval fut brûlé.

« La rive nord du lac était également occupée et le cuirassé *Haireddin Barbarossa*, notre ancien *Kurfürst Friedrich Wilhelm*, couvrait de ses lourds projectiles les villages de Mandra et de Derlend occupés par l'infanterie bulgare. »

Lundi 18 novembre. — Nous montons à cheval dans le brouillard pour nous porter à l'avancée. Accompagnent le général, Kemal, Kezim, Salahaddin, Nazim Bey et moi avec un planton. Le reste est demeuré au fort.

Le major Lehman s'était rendu hier soir avec ses officiers à Bojalik, parce que nous n'avions pas de place pour lui dans les tentes. Il n'était pas encore revenu.

Nous nous dirigeons à bonne allure par Ouschak et Eivatli vers la première ligne. Le général veut voir par lui-même comment on peut organiser l'attaque.

On ne voit pas grand'chose, les balles sifflent autour de nous.

Quelques isolés reviennent en arrière. Le général et nous les refoulons en avant.

Puis, en avant au galop. Les balles tourbillonnent autour de nous, on ne voit pas d'où elles partent. Nous gagnons l'abri protecteur formé par la masse du fort, dans une minute nous serons sauvés. Je vois tout à coup des soldats se lever de toutes parts autour de nous et sortir des fossés.

Nazim Bey me crie : « Bulgar war », ce sont les Bulgares. En effet, à vingt pas je reconnais les casquettes russes. Un officier lève la main et nous crie « Durr », halte. Il est tellement près de moi que je le reconnaîtrais encore aujourd'hui. Je fais volter mon cheval, et vois le général, Kemal Bey et l'ordonnance filer à toute bride vers la gauche. Devant moi galope Salahaddin, derrière Kezim Bey.

Salahaddin tombe lourdement et reste immobile, je le tiens pour mort. J'entends derrière moi une seconde chute : Kezim Bey est par terre, mais il remonte aussitôt et continue lentement. Je me retourne, le Pacha est pied à terre, son cheval est tué, le général s'avance en boitant.

Je ne puis lui porter secours, je suis trop engagé sur la droite.

Je me baisse, une balle vient de traverser mon kalpak ; encore un instant et je serai derrière la crête. Je vois de loin Kemal Bey arriver au pas de son cheval, penché en avant, il demeure pourtant en selle. Il a le fémur traversé d'une balle. L'ordonnance est tombé.

Je ne vois plus le Pacha ; seul, Nazim Bey me rejoint, il est sans blessure. Nous échangeons un regard rapide, je repars au galop et vais chercher un bataillon. Il fait partie des bonnes troupes. Son commandant me comprend, il reçoit la mission d'aller chercher le Pacha et, s'il est tombé, d'arracher, coûte que coûte, son corps à l'ennemi.

On met la baïonnette au canon et au pas de charge le terrain est en un instant nettoyé des compagnies bulgares qui s'étaient risquées à la faveur du brouillard jusque dans les environs de nos ouvrages avancés, qui avaient été intentionnellement faiblement occupés.

Mais je ne trouve toujours pas notre vaillant général.

Pourvu que les troupes ne s'aperçoivent pas de sa disparition !

Je reviens lentement vers Kemal Pacha dont le cheval est conduit en main par un ordonnance. La brume empêche de voir à quelques pas.

D'autres troupes arrivent. Kemal Bey, chef d'état-major, remet le commandement supérieur à Kemal Pacha, après s'être entretenu avec lui ; je le conduis ensuite, ainsi que Kezim Bey, à l'ambulançe. Leurs blessures sont légères. On transporte les deux officiers à Hademkoj. Quant à moi, je reviens sur mes pas pour chercher encore le Pacha.

Après une nouvelle demi-heure de recherche, je le trouve enfin sur le chemin qui mène du fort avancé à l'ambulance. Je suis tellement heureux de retrouver mon chef que je ne puis que le regarder sans parler, ce n'est que maintenant que je comprends combien j'aime le vaillant général.

Je crois qu'il a saisi la portée de mon regard, nous nous serrons silencieusement la main. Je fais asseoir le général sur un avant-train, il a reçu deux ou trois coups de feu. Un jeune capitaine s'installe à côté de lui et soutient avec une bande la jambe blessée. Le général a sur la tête le kalpak d'un médecin et est vêtu d'un manteau de soldat. Il semble souffrir beaucoup. Il a été touché dès le début de l'échauffourée. Son beau cheval bai est mort.

Le Pacha avait réussi tout d'abord à se traîner, mais un second coup, qui l'avait blessé au fémur, l'avait obligé à rester couché sous le feu ennemi pendant assez longtemps. Un simple soldat, à l'aspect minable et souffreteux, s'approcha alors de lui pour lui porter secours, le consola et le prit sur son dos pendant 5oo mètres pour le mettre enfin à l'abri de la crête.

Le brouillard s'est dissipé, la lutte d'artillerie commence. Les Bulgares ne répondent que faiblement, ils paraissent tirer de plus loin qu'hier.

Nous menons le Pacha à l'ambulance. Une des balles a fracassé l'os. On portera le blessé sur un brancard jusqu'à Kuru Kawak, où un camion automobile est appelé.

Je retourne encore une fois à l'avant-ligne pour me rendre compte de la physionomie du combat, j'aurai toujours le temps de rejoindre le triste cortège. Tout semble bien aller.

Abuk Pacha est investi officiellement du commandement du 3e corps.

Sur le chemin menant à nos tentes je croise le major Lehman qui a l'obligeance d'aller immédiatement à Kuru Kawak pour appeler par téléphone nos bagages restés à Bojalik.

Je n'ai pu me faire une idée des intentions des Bulgares, je crois qu'ils ont combattu uniquement pour

montrer qu'ils étaient encore là. Lossow est en marche
pour les refouler. Quel malheur que Muhktar ne soit
plus à notre tête pour diriger le mouvement.

Je commande pour 1 heure le train d'évacuation. Le
brancard est installé sur le camion. Le général donne
à chacun des douze hommes, qui l'ont alternativement
porté, une pièce d'or. Au moment de partir il a le
plaisir de voir arriver, mais sans cheval et sans manteau, Preysing qui rentre sain et sauf.

Je lui donne mon cheval éreinté, en le priant de le
conduire au quartier général, puis je monte sur le
camion avec Nazim Bey et lentement nous partons
pour Hademkoj.

Je réussis à obtenir du général qu'il se fasse soigner
à l'ambulance allemande. Je l'y accompagnerai, car
que puis-je faire ici maintenant ? Notre état-major est
disloqué.

En cours de route, nous rencontrons le chef d'État-
major général, Izzet Pacha. La reconnaissance des
deux amis est touchante, Izzet baise le front du
héros.

Le ministre de la Guerre nous attend à la gare avec
un nombreux état-major, tout est prêt pour le départ.

Le brancard est installé dans le fourgon d'un train
spécial. Kemal a rejoint, et on apporte Salahaddin Bey
grièvement blessé de six coups de feu.

Le train part à 6 heures. J'avais télégraphié au
médecin chef de notre ambulance qui est de mes amis,
le Dr Schleip, afin que l'opération nécessaire puisse

être faite aussitôt l'arrivée. Le train marche à bonne allure. Le soldat qui a sauvé le général voyage avec lui, il ne le quittera plus. Le Pacha est de bonne humeur, il cache ses souffrances et parle longtemps avec moi avant de s'endormir.

Mais comme les Bulgares ont mal tiré, et combien Dieu nous a protégés ! C'est assis à côté du brancard que j'écris ces lignes.

La blessure de Mahmud Muhktar Pacha et celles qui rendent son état-major indisponible seront bien préjudiciables aux Turcs.

Les Bulgares ont eu de la chance. Ils n'étaient pas à même de surmonter la résistance que les Turcs offraient à Tschataldja. Leur offensive les avait épuisés, et ils n'auraient pu résister à une contre-attaque débouchant de la région de Derkos. Cette contre-attaque aurait entraîné pour eux un désastre.

Il est intéressant de savoir ce que le comte Preysing raconte de la suite de sa dernière reconnaissance.

« J'avais l'intention de franchir le lac à la nage pour porter mon renseignement, puisque le chemin du retour m'était fermé. Mais je ne voulais pas abandonner mes dix Anatoliens, ni leur laisser supposer que je cherchais à me soustraire seul au danger. Je ne voulais pas non plus être fait prisonnier, de sorte qu'il n'y avait plus qu'à chercher le salut vers le nord.

« Nous avons donc suivi le bord du lac, marchant tantôt dans la vase, tantôt dans les buissons épineux. Tout à coup, nous trouvons devant nous une vedette de cavalerie. Je fis feu à 3o pas sur l'homme qui avait mis pied à terre et qui appela un petit poste à son secours. Un petit combat de feux où on ne visait guère s'engagea « à la Turca ». Le sentier étroit, bordé de fourrés infranchissables, ne se prêtait guère à la lutte régulière, le seul procédé possible était donc d'agir « à la Turca ». Ainsi escarmouchant, nous étions revenus vers le lac, nous arrachant avec peine aux épines et frayant le passage avec la baïonnette. Enfin, à hauteur de Jebelkoj, nous trouvons dans les roseaux un canot de pêcheurs sans avirons. Le plancher fournit les planches dont on se servit en guise de rames, et il nous fut ainsi possible de franchir le lac. Dans la nuit, après être restés quarante heures sans manger, nous étions sauvés. Le lendemain matin, une marche de 25 kilomètres nous conduisit à Kuru Kawak, où le major von Hochwæchter me prêta son cheval.

« Comme l'état-major de Mahmud Muhktar était dispersé, j'avais été me présenter au 2ᵉ corps où je reçus, dans la nuit du 20 au 21, l'ordre d'aller voir si le terrain situé en face du centre de la position avait été abandonné par l'ennemi battu. Avec quelques hommes, je pris la route qui passe au sud du fort Hamidich et se dirige sur Tschataldja. Je ne tardai pas à rencontrer des cadavres bulgares. Mais ce n'est qu'à 10 kilomètres des avant-postes turcs que se trouvaient les premiers éléments de sûreté de l'ennemi, à la croisée de la route avec le chemin de fer. Partout ailleurs, les

Bulgares s'étaient retirés. A environ 800 mètres au nord du chemin, et à 600 mètres du fort Hamidieh, quelques tirailleurs bulgares s'étaient retirés pendant la nuit, mais ils ne devaient pas conserver longtemps cette position. J'entendis tout à coup un feu rapide, puis, pendant une demi-minute, le cri de guerre de « Allah, Allah » auquel succéda un silence de mort. La nuit m'a dérobé le secret de ce sanglant mystère. A l'aube, cette tranchée avait également été évacuée. »

Les combats de Tschataldja constituent un succès pour les Turcs. C'est à la supériorité de leur artillerie qu'ils le doivent. Les canons Krupp, servis avec calme et compétence, se sont montrés parfaits tandis que l'artillerie bulgare n'a eu que des effets minimes.

Nous arrivons à Constantinople à 8 heures, quatorze heures se sont écoulées depuis que le Pacha a été blessé !

Ce délai montre le temps que doivent demander les évacuations de blessés moins importants. Deux cents personnes, parents ou amis du général, l'attendent à la gare, je reconnais le Dr Schleip, ainsi que des membres de l'ambassade. L'ambassadeur, baron von Wangenheim, a envoyé sa propre auto.

Tout est prêt, je fais évacuer une rue, et dix minutes après nous pouvons partir. Les braves matelots du *Gœben* nous escortent et bientôt après le blessé est hospitalisé.

Le brave soldat qui a sauvé le général a suivi la voiture en courant, il ne veut plus lâcher le sabre et les sacoches du Pacha. Des généraux, quand ils apprennent ce qu'il a fait, l'embrassent sur les deux joues malgré qu'il soit sale à faire peur.

M. Kaufman, le directeur de la Deutsche Bank, nous invite, Nazim Bey et moi, à venir dans sa maison où il nous offre un repas qui est le bienvenu. Depuis dimanche nous n'avons rien pris de sérieux et nous avons été engagés deux jours durant !

Tout est terminé à l'hôpital à 10ʰ 30 du soir, les blessures vont aussi bien que possible, les os ont été percés normalement, de sorte que dans six semaines le général sera sur pied.

Salahaddin est plus sérieusement atteint, toutes ses blessures sont graves.

Je vais à l'hôtel avec des amis. Il n'y a pas de voitures. Mᵐᵉ Lehman vient me trouver pour recevoir des nouvelles de son mari. A 12ʰ 30, épuisé de fatigue, je puis me coucher. J'ai le cœur plein de reconnaissance et de fierté, et je suis heureux d'avoir pu voir de tels événements, dont on ne comprend la sauvage grandeur que lorsqu'on les a vécus.

Mardi 19 novembre. — La lutte continue encore et paraît aboutir à une lente retraite des Bulgares, de leurs anciennes positions sur d'autres plus éloignées. C'est ainsi que les ouvrages établis à Papas Burgas ont été trouvés évacués. On a trouvé beaucoup de morts serbes, preuve de la participation d'une division serbe à la bataille.

Le moral s'est relevé dans l'armée turque, les troupes fraîches vivifient les rangs éclaircis des combattants de la première heure.

Les Bulgares sont très abattus, et le choléra sévit également chez eux.

Chez nous l'épidémie tend à diminuer, en tout cas on cherche à la maîtriser. Tous les morts d'Hademkoj ont été inhumés, et l'ordre est rétabli à la gare. Le foyer le plus important se trouve à San Stephano et à Stamboul. C'est sur San Stephano que sont évacués tous les cas douteux, et il y a beaucoup de malades dans les mosquées et les autres établissements publics de Stamboul.

Il n'est donc pas étonnant que les habitants de Pera aient été pris de frayeur et aient craint une invasion, soit du fait des Bulgares, soit de celui des Turcs battus. Aussi ont-ils demandé la protection de navires de guerre. Mais le débarquement de forces européennes a été une erreur qui n'a pas peu contribué à augmenter l'inquiétude.

Notre *Gœben* a fait l'admiration de tous, même de nos détracteurs. L'aimable amiral Truppel a bien voulu me faire les honneurs de son bord. Nous devons être fiers qu'un tel bâtiment porte ici nos couleurs.

Mercredi 20 novembre. — On parle d'un armistice, chacun des belligérants a désigné trois délégués pour entamer les pourparlers. On attend l'ambassadeur de Turquie à Berlin.

*

J'estime que les conditions proposées par les Bulgares sont tout à fait inacceptables. Ils veulent Andrinople et en outre les lignes de Tschataldja, autant dire à la Turquie qu'elle doit cesser d'exister en Europe. Elle doit conserver un point d'appui.

Tout est devenu silencieux sur le front, on n'entend aujourd'hui, jour de la fête du Beiram, que quelques coups de canon isolés.

Andrinople tient toujours, mais pour combien de temps? Les hautes eaux gênent les opérations de l'assaillant, tandis qu'elles favorisent les assiégés. L'héroïque résistance de la place constitue une belle page de l'histoire militaire turque.

Samedi 23 novembre. — Le silence est toujours à peu près complet sur la position, le feu sacré est bien éteint.

Les parlementaires négocient. Les alliés devront en rabattre de leurs prétentions, car la Bulgarie a besoin de la paix, elle est au bout de son effort.

Les journaux pourront dire ce qu'ils veulent, je ne crois pas aux contes bleus. Si les Bulgares se sentaient capables de pousser jusqu'à Constantinople, aucune considération de pertes ne les empêcherait de le faire. Ils l'ont essayé, et la résistance énergique des Turcs a brisé leur effort. Eux aussi sont frappés par le choléra, leurs ravitaillements ne fonctionnent que de plus en plus difficilement.

Il est prématuré de chercher à deviner ce que l'un ou l'autre des adversaires tentera dans l'avenir.

Mais un fait subsiste, la puissance militaire des Turcs à Tschataldja croît de jour en jour, l'honneur militaire n'a plus rien à se reprocher.

On aurait pu éviter les désastres du début en prenant immédiatement position sur les lignes occupées à l'heure actuelle. Les forces actives auraient suffi à leur occupation, et les régions en arrière auraient assuré les ravitaillements. On a fini par agir ainsi, mais il était trop tard. La flotte a été d'un grand secours.

Plus l'armistice durera, et plus la situation deviendra favorable pour les Turcs. Andrinople ne tombera que vaincue par la famine, et cette éventualité ne paraît pas imminente encore.

Néanmoins, la Porte a toutes raisons de conclure une paix acceptable.

Les sacrifices ont été suffisamment lourds déjà, et les occasions perdues ne se retrouveront plus.

Dimanche 24 novembre. — L'armistice est à peu près décidé, j'ai obtenu une permission.

Preysing monte à bord, il arrive de Tschataldja; lui aussi veut rentrer par le premier paquebot.

La poignée de mains que nous échangeons constitue le dernier lien qui me rattache aux jours qui viennent de s'écouler, et dont subsiste à jamais le terrifiant souvenir.

Le beau vapeur roumain tout blanc glisse lentement le long des rives féeriques du Bosphore, où rien ne rappelle que quelques jours auparavant le canon faisait vibrer les rochers de la Corne d'Or.

Ce ravissant coin de terre demeurera-t-il aux mains de ses possesseurs actuels? Je le souhaite de tout mon cœur, car j'aime ce pays où j'ai passé quelques années de ma vie et auquel j'ai consacré mon labeur.

Puissent les épreuves par lesquelles la Turquie vient de passer constituer pour elle un avertissement salutaire !

Je souhaite que ce pays réussisse à se reprendre pour suivre de nouveau, dans les limites matérielles que la paix lui laissera, la glorieuse destinée qui est la sienne.

Qu'une ère de calme et de concorde vienne grouper toutes les forces de l'Empire vers un objectif commun, la rénovation par le travail !

Ce n'est qu'en faisant état des fautes que la guerre a révélées, que la Turquie pourra se montrer digne de la mission qui lui incombe, et que les sacrifices de l'heure présente cesseront d'être inutiles.

Ce n'est qu'à ce prix que du sol, aujourd'hui imbibé de sang, pourra jaillir une existence nouvelle et féconde !

Inschallah !

TABLE DES MATIÈRES

TABLE DES CARTES

I. — Situation avant la bataille de Petra-Kirkilissé.

II. — Bataille de Petra-Kirkilissé. Situation le 22 octobre matin.

III. — Bataille de Viza—Lule-Burgas. 31 octobre-11 novembre 1912.

IV. — Lignes de Tschataldja. Situation au 16 novembre 1912.

NANCY-PARIS, IMPRIMERIE BERGER-LEVRAULT

LIBRAIRIE MILITAIRE BERGER-LEVRAULT

PARIS, 5-7, RUE DES BEAUX-ARTS — RUE DES GLACIS, 18, **NANCY**

La Guerre contemporaine dans les Balkans et la question d'Orient (1885-1897), par G. BECKER, lieutenant au 16e bataillon de chasseurs. 1899. Un volume in-8, avec 13 cartes in-folio en couleurs, broché . **10 fr.**

La Guerre serbo-bulgare de 1885. *Combats de Slivnica (17, 18 et 19 novembre)*, par le colonel REGENSPURSKY, de l'armée austro-hongroise. Traduit de l'allemand par le lieutenant BARTH, du 54e régiment d'infanterie. 1897. Un volume in-8 de 236 pages, avec 2 cartes et 3 tableaux, broché . . . . **5 fr.**

Le Royaume de Monténégro, par M. C. VERLOOP, membre correspondant de la Société de Géographie de Lisbonne. 1911. Un volume grand in-8 de 107 pages, avec une carte, broché . . . . **3 fr.**

La Serbie économique et commerciale, par René MILLET, ancien ministre de France en Serbie. Avec le concours du marquis H. DE TORCY. 1889. Un volume in-8, avec 2 cartes, broché . . . . **5 fr.**

De Thessalie en Crète. *Impressions de campagne (avril-mai 1897)*, par Pierre MILLE, rédacteur au *Journal des Débats*. 1898. Un volume in-12, avec 16 gravures hors texte, broché . . . . **3 fr. 50**

Vaincre. Esquisse d'une Doctrine de la Guerre, *basée sur la connaissance de l'Homme et de la Morale*, par le lieutenant-colonel MONTAIGNE. 1913. Trois volumes grand in-8, brochés :
— I. *Préparation à l'Étude de la Guerre*. . . . . **6 fr.**
— II. *Étude de la Guerre*. . . . . **6 fr.**
— III. *La Guerre* . . . . **4 fr.**

Deux Conférences faites aux officiers de l'État-major de l'armée (février 1911). *La Notion de sûreté. L'Engagement des grandes unités*, par le colonel DE GRANDMAISON. 1911. Un volume in-8, broché . . . . . . **1 fr. 25**

Nos Mitrailleuses. *Ce qu'elles sont, ce qu'il faut en attendre*, par le lieutenant DUPEYRÉ. 1912. Volume in-8, avec 6 photographies et 11 croquis, broché. **2 fr.**

Le Tir de l'Artillerie de campagne allemande, d'après la nouvelle Instruction de mars 1911, par J. CHALLÉAT, chef d'escadron au 12e régiment d'artillerie. 1911. Brochure in-8, avec 3 figures . . . . **75 c.**

Manuel de Tir de l'Artillerie de campagne allemande (1911). Traduit de l'allemand par P. MARIE, capitaine d'artillerie. 1912. In-8, avec 22 figures, broché . . . . **1 fr. 50**

Les Manœuvres impériales allemandes en 1911. Suite d'articles adressés au *Times*, par le colonel REPINGTON. Traduit de l'anglais par Réginald KANN. 1912. Un volume in-8, avec 2 cartes, broché . . . . **1 fr.**

Les Manœuvres impériales allemandes en 1912. Articles publiés dans le *Journal des Débats*, par R. DE THOMASSON, correspondant militaire, directeur des *Questions diplomatiques et coloniales*. Préface du général DE TORCY. Un volume in-8, avec 2 cartes, broché . . . . **1 fr.**

Le Traité de Francfort. *Étude d'histoire diplomatique et de droit international*, par Gaston MAY, professeur à l'Université de Paris. (Ouvrage récompensé par l'Académie des Sciences morales et politiques.) 1909. Un volume in-8 de 358 pages, avec 3 cartes, broché. . . . . **6 fr.**

La Doctrine de Défense nationale, par le capitaine SORB. *Stratégie moderne. La prochaine guerre franco-allemande. La question des alliances et des ententes.* 1912. Un volume grand in-8 de 420 pages, broché . . . . . **7 fr. 50**

L'Infanterie française en face de l'armée allemande, par E. ALLÉHAUT, capitaine d'infanterie breveté. 1909. Un volume in-8, broché . . . . . **1 fr. 50**

État militaire de toutes les Nations du monde en 1912, par Charles MALO. Un volume in-8 étroit de 150 pages, broché . . . . **1 fr. 25**

Les Flottes de Combat en 1912, par le capitaine de frégate DE BALINCOURT. 11e édition. Un volume in-16 de 796 pages, avec 390 figures schématiques de bâtiments, relié en percaline souple, tranches rouges . . . . **5 fr.**